図説

ヴェルサイユ宮殿

太陽王ルイ14世とブルボン王朝の建築遺産

中島智章

河出書房新社

Château de VERSAILLES

Château de VERSAILLES

◆図説◆ ヴェルサイユ宮殿

太陽王ルイ14世とブルボン王朝の建築遺産

目次

ルイ13世の小城館：赤れんがとクリーム色の切石のツートン・カラーは17世紀前半（アンリ４世時代からルイ13世時代）のフランス建築の特徴であり、ルイ13世時代の雰囲気を伝えてくれる。ただし、1680年頃にジュール・アルドゥアン＝マンサールが大幅に手を入れて、東側正面ファサードの窓の数が５列から７列となるなど、かなり変更が加えられている。

はじめに

そのたたずまいの多彩な力

パリの南西、RER-C線で三〇～四〇分ほどのところにその宮殿はある。ルイ一三世（1601～43）の小さな狩の館に端を発し、太陽王ルイ一四世（1638～1715）が大宮殿へと発展させ、その後も曾《ひ》孫《まご》のルイ一五世（1710～74）、その孫のルイ一六世（1754～93）、その王妃マリー・アントワネット（1755～93）がそれぞれに独自の

RER-C線車輌：ヴェルサイユには、ヴェルサイユ・リヴ・ゴーシュ駅、ヴェルサイユ・リヴ・ドロワ駅、ヴェルサイユ・シャンティエ駅の三つの鉄道駅がある。宮殿に一番近いのはヴェルサイユ・リヴ・ゴーシュ駅である。

鏡の間：長さ73メートル、幅10.5メートル、高さ12.5メートル、面積770平方メートルのギャラリー。使用されたガラスは357枚にも及ぶ。2004年から2007年5月まで1200万ユーロを投じて約100名の専門家たちの手により修復工事がおこなわれた。

牛眼《ぎゅうがん》の間：1701年、第2の控えの間だったバサンの間と王の寝室が単一の広間へと結合され、新たな第2の控えの間となった。広間の南北の壁面の上部に牛の目のような窓、あるいは鏡を設けたので、牛眼の間と呼ばれる。

魅力をもった小空間を建て増していった。

わが国ではこの宮殿は、王妃マリー・アントワネットのイメージと重ねてとらえられることが多いが、実はヴェルサイユのなかで圧倒的な存在感を誇っているのは太陽王ルイ一四世である。

その治世は一六四三年から一七一五年までの七二年の長きにわたり、フランスの政治的・軍事的・文化的な威光が輝いたこの時代は「偉大な世紀（Grand Siècle）」と呼ばれる。一八世紀の啓蒙思想家ヴォルテールも、古代ギリシアの古典期、古代ローマの帝政初期、メディチ家のルネサンス・フィレンツェと並ぶ、いや、それ以上の黄金時代と評している。

華やかな夜会が開かれた〈大アパルトマン〉（Grand Appartement）、〈鏡の間〉（Galerie des Glaces）、庭園の中央軸線まわり、主だった花壇など、一六七〇年代のさまざまな事業がこの黄金時代の雰囲気を今に伝えている。

しかし、もしヴェルサイユが、

閣議の間：閣議の間は王の寝室の北隣にあったが、1755年にその北隣の広間と結合して装いも新たに拡張された。設計はアンジュ・ジャック・ガブリエルで、ロカイユ装飾にはアントワーヌ・ルソーが鑿《のみ》をふるった。

太陽王ただひとりの強力なイニシアティヴにより、細部に至るまで統一された建築アンサンブルとして完成されていたとしたら、おそらく単調で退屈な建造物になっていたであろう。

幸いなことに、ルイ一四世の長い治世のあいだには様式や趣味もさまざまにうつろっており、バロック様式の大アパルトマンと簡素な王のアパルトマンを比較しても、そのちがいには驚かされるほどである。

また、ルイ一四世の後継者たちもそれぞれの趣向でヴェルサイユに多様な色合いを添えている。ルイ一五世時代のロココ様式、ルイ一五世治世末からルイ一六世時代の新古典主義、そして、一九世紀のルイ・フィリップ一世（1773〜1850）の王政復古様式など、新旧の多彩な様式がみられる。

ヴェルサイユの魅力は、ルイ一三世時代の赤れんがの小城館からルイ・フィリップ一世の〈戦争のギャラリー〉までの多様な要素が、絶妙に、ときには微妙に、場合に

デュフール棟：ルイ・フィリップ１世時代、ガブリエル棟にあわせて、デュフールにより同じデザインで建造された。これによりヴェルサイユ宮殿正面のシンメトリーが回復された。

ガブリエル棟：アンジュ・ジャック・ガブリエルが設計し、1771～72年に工事が進められた。現在のガブリエル棟のなかには大階段が設けられる予定だったが、当時は建設されず、1985年になってようやく彼の案にもとづいて完成した。

戦争のギャラリー：ルイ・フィリップ１世は、ヴェルサイユをフランスの栄光に捧げる博物館とするために、フランス革命後はじめて大事業をおこなっている。戦争のギャラリーには、５世紀のメロヴィング王朝のフランク王クロヴィスからナポレオンに至るまでのフランスの主な戦勝を描いた大絵画が陳列されている。

よっては唐突にブレンドされているところにあるのだろう。そして、それぞれの要素がブルボン王朝代々の記憶と結びついており、まさにブルボン王朝の万華鏡ともいえる様相を呈しているのである。

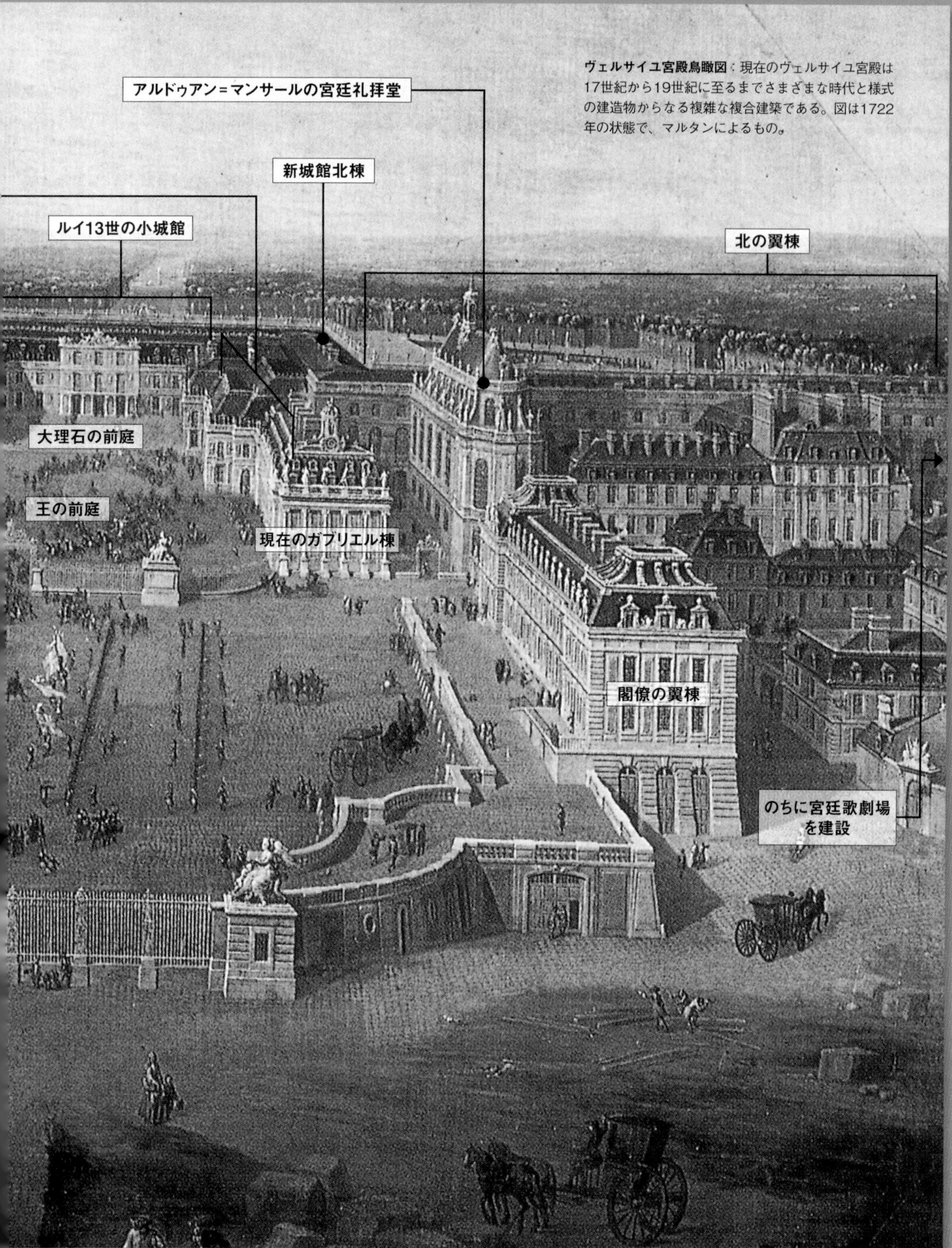

ヴェルサイユ宮殿鳥瞰図：現在のヴェルサイユ宮殿は17世紀から19世紀に至るまでさまざまな時代と様式の建造物からなる複雑な複合建築である。図は1722年の状態で、マルタンによるもの。

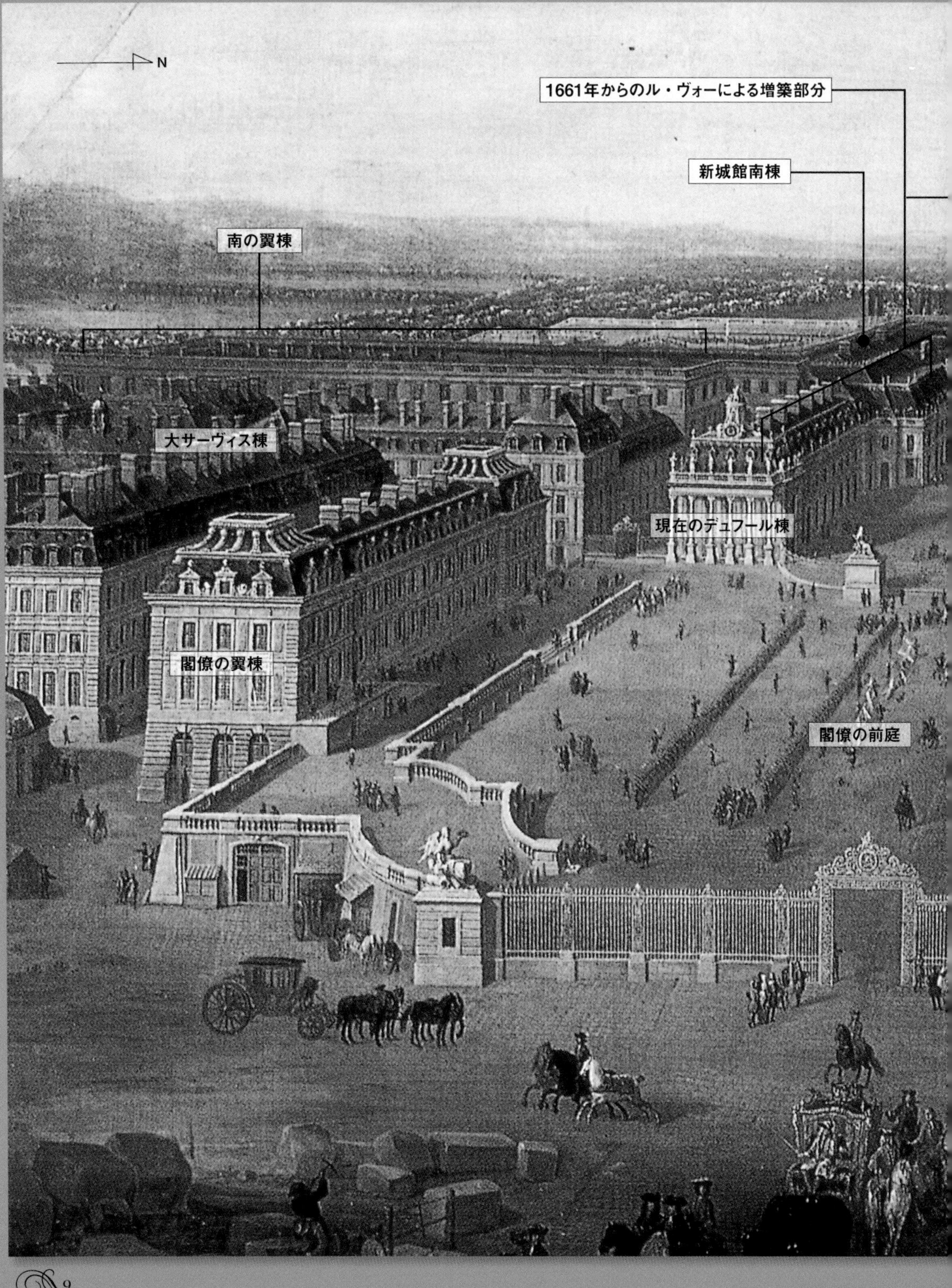
N
1661年からのル・ヴォーによる増築部分
新城館南棟
南の翼棟
大サーヴィス棟
現在のデュフール棟
閣僚の翼棟
閣僚の前庭

ブルボン王朝二〇〇年

プロテスタント勢力の筆頭
――アンリ四世

一六世紀後半のフランスは、カトリックとプロテスタントのあいだの宗教戦争のただなかにあった。カトリックの最大の擁護者は王家であり、対立するプロテスタント勢力を率いる立場にあったのは、のちのブルボン王朝初代の王アンリ四世となるブルボン家のアンリだった。

一五七二年八月一八日、カトリックとプロテスタントの和解を図るべく、時のフランス王シャルル九世（1550～74）の妹マルグリット姫とアンリの結婚式がおこなわれた。ところが、カトリック急進派がパリに集まってきたプロテスタント勢力を一網打尽《いちもうだじん》にするという、サン・バルテルミーの虐殺事件が起こってしまい、かえって火に油を注ぐ事態に陥った。

そんななか、一五八四年六月にフランス王アンリ三世（シャルル九世の弟、1551～89）の弟アンジュー公フランソワ・エルキュールが亡くなり、アンリ三世にも跡つぎがいなかったので、ヴァロワ王朝の嗣子《しし》が絶える事態に陥った。この時点で次代の王になるかもしれない存在として浮上したのが、このブルボン家のアン

▶ルイ14世：1638年9月5日、サン・ジェルマン・アン・レ城館で生誕。1643年5月14日に4歳でフランスおよびナヴァール（ナバラ）の王に即位した。1661年3月9日に宰相マザランが没すると親政を宣言、1715年9月1日に76歳で崩御するまで半世紀以上もフランスに君臨した。この肖像画は1701年にイアサント・リゴーによって描かれたもの。王は若い頃、ダンスを得意としており、ここでもポジシオン・キャトル（4の位置）がきまっている。

王妃**マリー・アントワネット**：王妃はお気に入りの女流画家ヴィジェ＝ル＝ブランにかずかずの肖像画を描かせている。1755年11月2日、ハプスブルク家の支配するオーストリアの実質的な女帝マリア・テレジアの子としてヴィーンのシェーンブルン城館で生を受けた。長年のライバル関係にあったフランス王家との和議のため、1770年5月15日、フランス王太子ルイ・オーギュストと結婚。1774年5月10日、18歳でフランスおよびナヴァールの王妃となる。フランス革命の荒波のなかで、1793年10月16日、ギロチンにて処刑される。

りである。

ブルボン家は、一三世紀に十字軍を率いた偉大な王で聖人にも列せられたルイ九世の第六子ロベールから出た、フランス王家の傍流《ぼうりゅう》である。「王国基本法」によれば、王家の直系男子が絶えた場合、そこからもっとも近い傍流の男性当主が次代の王となる定めであった。つまり、完全なる男系継承であり、さらにその男子は庶子《しょし》ではなく嫡子《ちゃくし》でなければならなかった。キリスト教の世界では一夫一妻が建前だからである。

ヴァロワ家自体も、九八七年に即位したユーグ・カペ以来のカペ家の傍流であり、カペ本流が絶えたことにより一三二八年に王統の本流となったのであった。このヴァロワ家も本流だけでなく傍流の男子まで絶えてしまったので、さらにカペ王朝の時代にまでさかのぼり、聖王ルイから出たブルボン家の当時の男性当主だったアンリに白羽の矢が立つこととなった。

「フランスおよびナヴァールの王」と「きわめてキリスト者なる王」

アンリは父アントワーヌからブルボン

家の家督を受けついだだけでなく、ナヴァール（スペイン側ではナバラ。ピレネー山脈を挟んでフランス、スペイン両国のビスケー湾沿いに広がる現在のバスク地方に相当）王位をもつ母ジャンヌ・ダルブレから、一五七二年にその王位も受けつぎ、ナヴァール王アンリ三世となっていた。この王位はアンリ以降のブルボン王朝の諸王にも受けつがれ、フランス王は正式には「フランスおよびナヴァールの王（Roi de France et de Navarre）」という称号を帯びることになる。

　このように、すでに王位を所持していたアンリだったが、「教会の長子（fils aîné de l'Eglise）」フランスの「きわめてキリスト者なる王（Roi Très Chrétien）」になる資格については、とりわけカトリック陣営の諸侯に疑問視されていた。

　結局、フランス王アンリ三世は嗣子がないまま一五八九年八月一日に暗殺され、ナヴァール王アンリ三世がアンリ四世としてフランス王に即位することとなった。即位してからは国内の安定のために、一五九三年にはカトリックへ改宗し、一五九八年四月一三日にいわゆる〈ナント王令〉を発して信教の自由を保証することによって、宗教戦争は終結した。

　アンリ四世は一六一〇年五月一四日に暗殺され、息子のルイがルイ一三世として即位する。アンリ四世はマルグリットと離婚し、一六〇〇年にあらたにフィレンツェのメディチ家からマリア・デ・メディチ、すなわちマリー・ドゥ・メディシスを迎えており、ルイ一三世は彼女とアンリ四世のあいだの息子だった。

　以後のブルボン王朝は順調に直系相続されていくが、綱わたりの状態がまったくなかったわけではない。ルイ一三世はスペイン王家からアンヌ・ドートリッシュを王妃に迎えたがなかなか子に恵まれず、結婚後二〇年以上もたった一六三八年九月五日に、ようやく長男ルイ・ディウドネ（神に与えられたルイ）が誕生した。これがルイ一四世であり、一六四三年五月一四日に四歳でフランスおよびナヴァ

ルイ13世：1601年９月27日にフォンテーヌブロー城館で生誕。1610年5月14日にフランスおよびナヴァールの王に即位、33年後の1643年の同じ日に崩御した。スペイン王家から迎えたアンヌ・ドートリッシュとのあいだにはなかなか子に恵まれなかったが、1638年9月5日、ついに長男が誕生した。それがのちのルイ14世である。

大王太子ルイ（通称モンセニュール）：1661年11月１日にルイ14世とマリー・テレーズ・ドートリッシュとのあいだに生まれた長男。王と王妃のあいだに生まれた子で成人した子供は彼のみだった。1680年代以降、王が華やかなスペクタクルの世界から徐々に手を引いていくと、この王太子が代わってその世界をリードするようになる。1711年４月14日に天然痘でなくなり、王位につくことはなかった。

ールの王に即位した。

また、ルイ一四世の晩年、一七一一年から一七一二年にかけて、ルイ一四世の嗣子ルイ、さらに孫のブルゴーニュ公ルイ、ブルゴーニュ公ルイの息子ブルターニュ公ルイが天然痘《てんねんとう》や麻疹《はしか》でつぎつぎに薨去《こうきょ》し、ブルターニュ公の弟アンジュー公ルイだけが残された。

実は、ルイ一四世の別の孫で、ブルゴーニュ公ルイの弟であるアンジュー公フィリップが一七〇〇年来、スペイン王フェリペ五世となっていて存命だったが、列国との約束でフランス王位継承権を放棄していた。

いずれにせよ、ルイ一四世の嫡孫の子、すなわち嫡流の曾孫であるこのアンジュー公ルイが、一七一五年九月一日、五歳でルイ一五世としてフランスおよびナヴァールの王に即位することになった。

ルイ一五世の王太子ルイも父王より長生きしなかった。王太子ルイからは三人の嫡流男子、ベリー公ルイ・オーギュスト、プロヴァンス伯ルイ、アルトワ伯シャルルが成人し、ベリー公が父王太子の死後、あらたな王太子に立って、一七七四年五月一〇日に一九歳でルイ一六世としてフランスおよびナヴァールの王に即位した。

フランス人たちの王

一七八九年にフランス革命が勃発すると、あらたな憲法のもと、ルイ一六世は

ブルゴーニュ公ルイ：大王太子ルイの長男として1682年８月６日に生まれる。スペイン継承戦争では戦場に出て一軍を指揮した。1711年に父の大王太子が薨去すると代わって王太子となったが、彼自身も妻のあとを追って1712年２月18日に麻疹に倒れた。

スペイン王フェリペ５世：1683年12月19日、ヴェルサイユにて生誕。1700年11月1日、スペイン王カルロス２世が崩御すると、姉マリー・テレーズの孫のなかから、嫡孫たるブルゴーニュ公ルイの弟であるアンジュー公フィリップが後継者に選ばれた。1746年７月９日崩御。この肖像画はイアサント・リゴーによるもので、同じ画家による有名なルイ14世肖像画（10頁）と対になるものとして制作された。すなわち、ルイ14世の肖像画はフェリペ５世のもとに、フェリペ５世の肖像画はルイ14世のもとにあって、それぞれ祖父と孫をしのばせるものとなるはずだった。

ルイ15世：1710年２月15日、ヴェルサイユにて生誕。ルイ14世の嫡孫ブルゴーニュ公の三男であり、アンジュー公ルイといったが、兄ブルターニュ公ルイが1712年３月８日に麻疹で亡くなったので王位継承者となった。なかなかの美男で臣民にとても愛された（Bien aimé）という。天然痘にかかり1774年５月10日崩御。

「フランス人たちの王（Roi des Français)」となるが（一七九一）、一七九二年に廃位、アンシアン・レジーム下のフランス王政は終焉《しゅうえん》を迎える。

ナポレオン没落後、一八一四年に王政が復古し、亡命していたルイ一六世の弟プロヴァンス伯がルイ一八世として「フランスおよびナヴァールの王」に即位、ついで弟のアルトワ伯がシャルル一〇世として即位した。

　しかし、一八三〇年の七月革命によりブルボン王朝の本流は王の座を追われ、傍流のオルレアン家のルイ・フィリップ一世があらたに「フランス人たちの王」となった。オルレアン家はルイ一四世の弟フィリップからはじまった家系である。一八四八年の二月革命によりフランスの王政はふたたび終焉を迎え、現在に至っている。

　なお、亡命後のシャルル一〇世の嫡流は二月革命後に絶えており、もし王政がそのままつづいていても、結局はもっとも近い傍流であるオルレアン家が正統なる王家となったであろう。そういうわけで、現在、世が世ならフランスおよびナヴァールの王となったであろう人物は、オルレアン家の流れをくんでいる。

コンデ大公ルイ１世
フランソワーズ・ドゥ・ロングヴィル

コンデ大公アンリ１世
シャルロット・ドゥ・ラ・トレモワイユ

コンデ大公アンリ２世
シャルロット・ドゥ・モンモランシー

コンデ大公ルイ２世〈大コンデ〉

1804年断絶

〈王弟殿下〉

オルレアン公フィリップ（1640~1701）
1）アンリエット・シャルロット・ダングルテール（1644~70）
2）エリザベート・ドゥ・バヴィエール（1652~1722）

〈摂政殿下〉
オルレアン公フィリップ２世（1674~1723）
ブロワ王女

オルレアン公 ルイ（1703~52）

オルレアン公 ルイ・フィリップ（1725~85）

オルレアン公 ルイ・フィリップ・ジョゼフ（平等公フィリップ）（1753~1821）
ルイーズ・マリー・アデライード・ドゥ・ブルボン＝パンティエーヴル

ルイ・フィリップ１世（1773~1850）
マリー・アメリー・ドゥ・ブルボン＝シシル

現在に至る

ブルボン家系図

Maison de Bourbon

ルイ９世 (Louis IX) (1214~70)

第６王子 ロベール・ドゥ・クレルモン
ベアトリス・ドゥ・ブルボン

初代ブルボン公 ルイ・ドゥ・ブルボン

(中略)

シャルル・ドゥ・ブルボン

アントワーヌ・ドゥ・ブルボン
ジャンヌ・ダルブレ

アンリ４世 (Henri IV) (1553~1610)
1）マルグリット・ドゥ・ヴァロワ (1553~1615)
2）マリー・ドゥ・メディシス (1573~1642)

ルイ13世 (Louis XIII) (1601~43)
アンヌ・ドートリッシュ (1601~66)

オレルアン公ガストン (1608~60)
マルグリット・ドゥ・ロレーヌ

アンリエット (1609~69)
〈イングランド王チャールズ１世〉

ルイ14世 (Louis XIV) (1638~1715)
マリー・テレーズ・ドートリッシュ (1638~83)

モンパンシエ女公 アンヌ・マリー (1627~93)

大王太子ルイ (1661~1711)
マリー・アンヌ・クリスティーヌ・ヴィクトワール・ドゥ・バヴィエール (1660~90)

ブルゴーニュ公ルイ (1682~1712)

マリー・アデライード・ドゥ・サヴォワ (1685~1712)

アンジュー公フィリップ (のちのフェリペ５世) (1683~1746)

ベリー公シャルル

ルイ15世 (Louis XV) (1710~74)

マリー・レクザンスカ (1703~68)

王太子ルイ (1729~65)
マリー・ジョゼフィーヌ・ドゥ・サックス (1731~67)

ルイ16世 (Louis XVI) (Duc de Berry) (1754~93)

マリー・アントワネット・ジョゼフ・ジャンヌ・ドゥ・ロレーヌ (1755~93)

王太子ルイ (1781~89)

ルイ17世 (Louis XVII) (1785~95)

ルイ18世 (Louis XVIII) (1755~1824) (Comte de Provence)
マリー・ジョゼフィーヌ・ドゥ・サヴォワ (1753~1810)

シャルル10世 (Charles X) (Comte d'Artois) (1757~1836)
マリー・テレーズ・ドゥ・サヴォワ (1756~1805)

1883年断絶

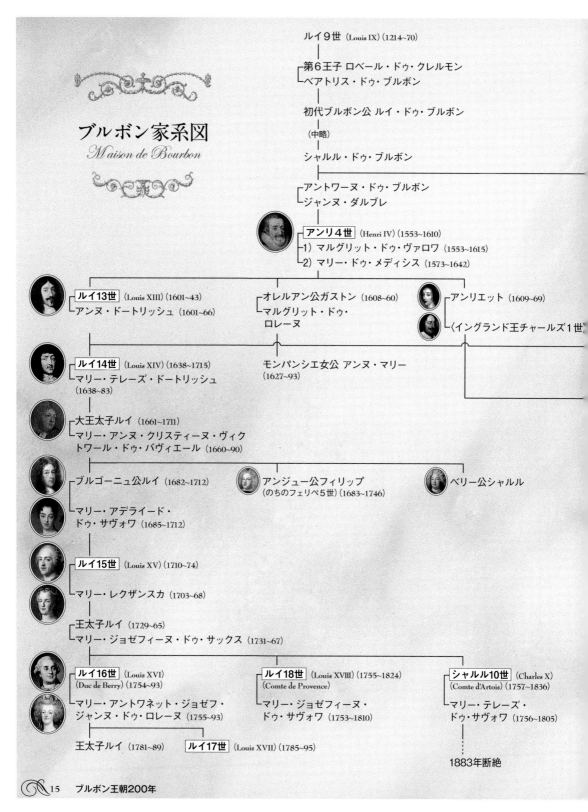

第1章

質素なルイ一三世の狩の館と豪壮なヴォー＝ル＝ヴィコント城館

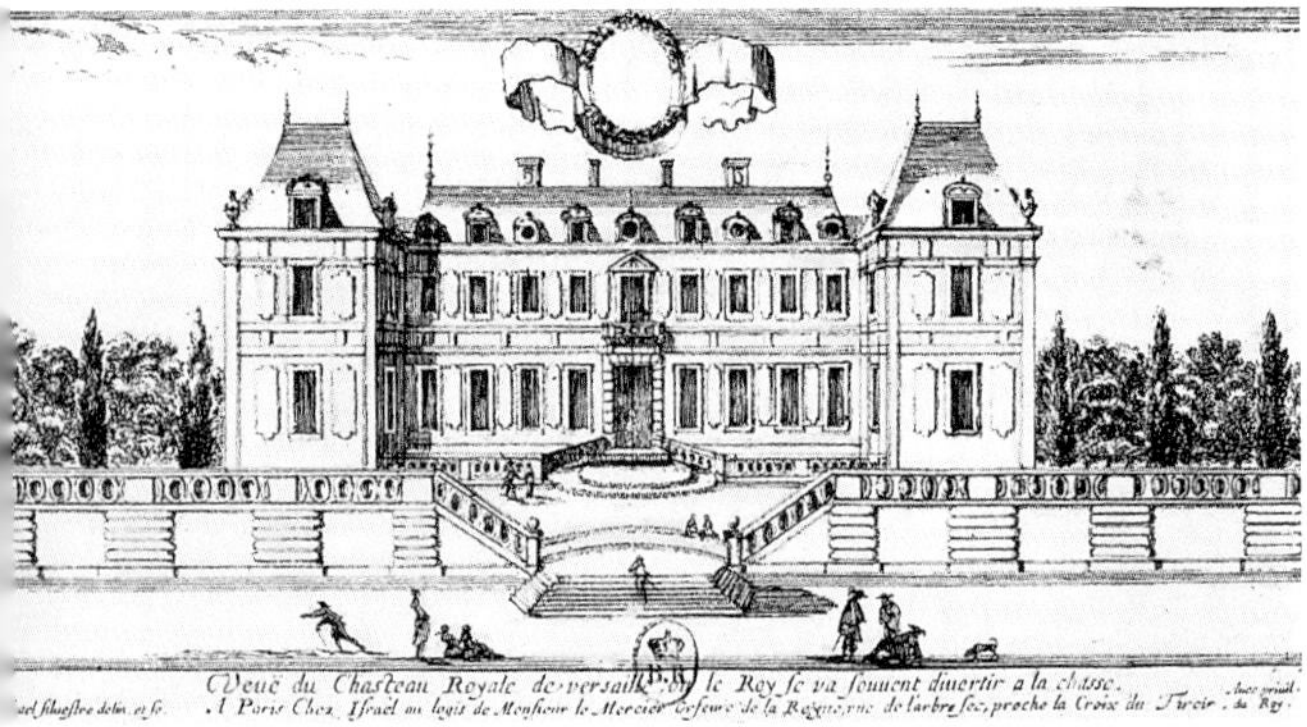

増改築されたヴェルサイユ城館（1631〜34年に建造）：工事中も使用できるように、城館を四部分に分けて段階的に建造したため、4年もかかったという。

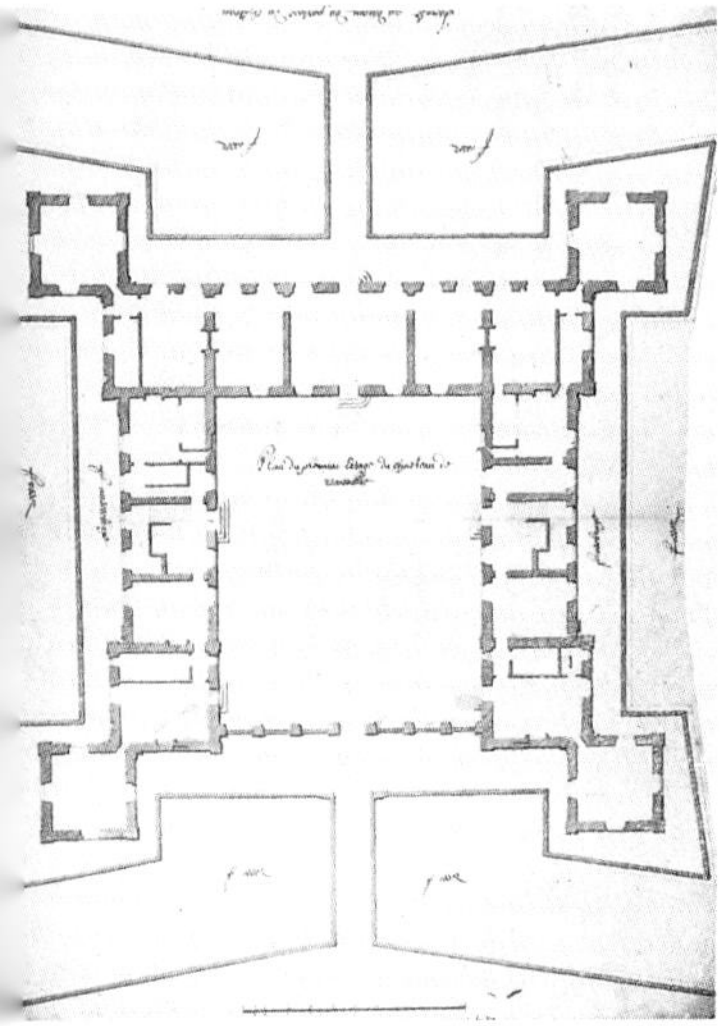

城館の1階平面図（1667年頃）：四周に堀を備え隅が城塞のバスティオン（稜堡《りょうほ》）のようになっている。城館（シャトー）という言葉がかつては軍事施設をさしていた名残である。

宮殿の核となった小さな館

一六二三年から一六二四年にかけて、ルイ一三世はサン・ジェルマンの森での狩に興じたあとに身を休めるため、ヴェルサイユの地に小さな館をつくらせた。入口は東側で、西側に庭園を望むというオリエンテーションであり、このオリエンテーションはのちのちまでヴェルサイユの性格を規定しつづけることになる。

彼はこの館をたいそう気に入り、もっと豪華なものにしたいと考え、フィリベール・ル・ロワに命じて一六三一年から一六三四年にかけて段階的に増改築させた。かくして、赤いれんがにクリーム色の切石《きりいし》を隅部《ぐうぶ》や窓まわりなどに配したツートン・カラーの、当時のありふれた様式による城館が誕生した。この小さな城館はその後もヴェルサイユの核として、さまざまな増改築を経ながらも残っていくことになる（この城館を以下「小城館」と呼ぶことにする）。

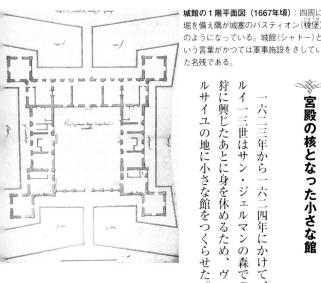

一六四三年五月一四日にルイ一三世が亡くなると、四歳の長男ルイがルイ一四世としてフランス王となる。むろん、ヴェルサイユの館も彼が受けつぐが、母后アンヌ・ドートリッシュが摂政《せっしょう》となり、枢機《すうき》卿《きょう》ジュール・マザランが実際の政務にあたったその幼年・少年時代にはさしたる建設活動はない。ルイ一四世がヴェルサイユの造営活動を本格的に開始したのは、宰相マザランが一六六一年三月九日に亡くなり、二二歳になっていた王が親政《しんせい》を開始して以降である。

ルイ13世時代の小城館の現況：1680年頃にジュール・アルドゥアン＝マンサールによって大幅に改装されてはいる。たとえば、当初は前庭に面した主棟の窓は5列だったが、このときの改装で7列となった。

小城館上部の時計：時計の向かって右側には戦争の神マルス、左側にはエルキュール（ヘラクレス）がもたれかかっている。王政時代は前王が崩御した時間を示していたという。

ローマ・バロックとフランス

マザラン執政《しっせい》時代には王権は試練を迎えていた。一六四八年から一六五三年まででいわゆる〈フロンドの乱〉がつづき、王家がパリを脱出してノルマンディ地方のルーアンに逃亡したり、枢機卿マザラ

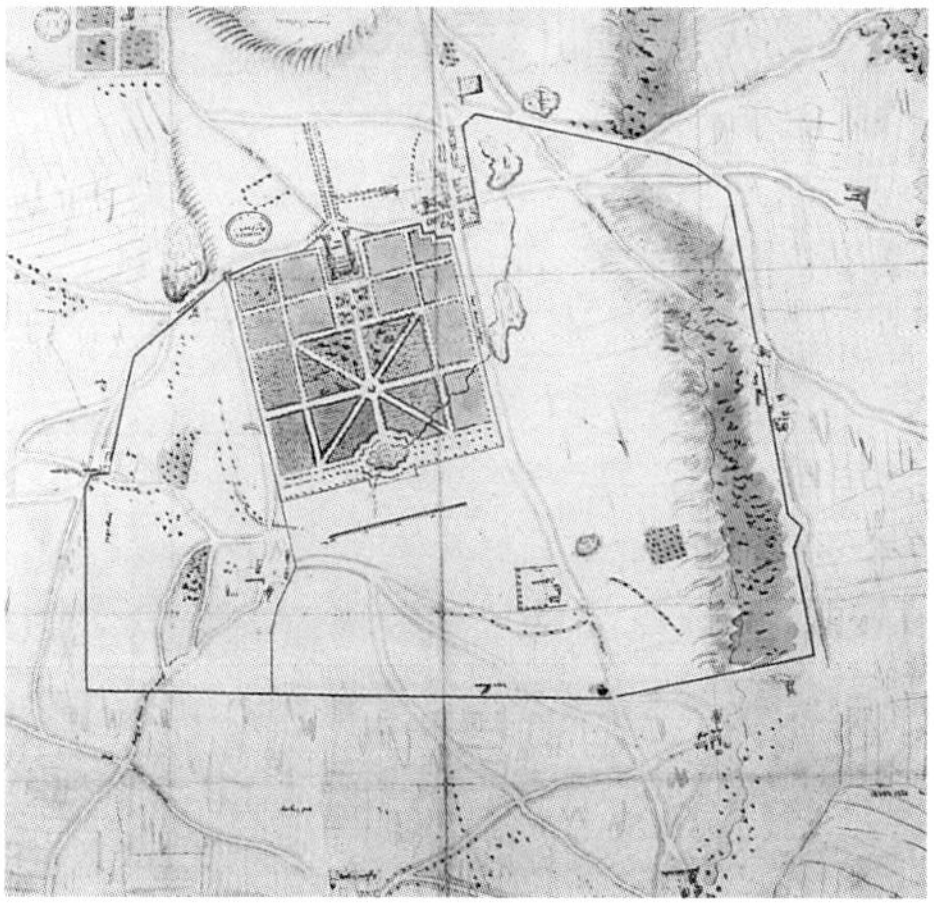

城館と庭園の配置図（上が東）：すでにのちのヴェルサイユ宮殿付属庭園の骨格があらわれている。

コレージュ・デ・キャトル・ナシオン（四国学院）：1659年にスペインとのあいだに結ばれたピレネー講和条約により、ピレネー山脈の東側のスペイン領だったルーシヨンなど四地方がフランス領となったことを記念して、宰相マザランによって建設された。中央にドームを戴き、両翼が湾曲して前にせりだしてくるデザインは典型的なローマ・バロックのやり方である。

ンが二度も亡命せざるをえなくなったこともあった。

この混乱がおさまった一六五四年には遅れていたランス大司教座聖堂における戴冠《たいかん》式が挙行されたが、以後数年間、ヴェルサイユの館は手つかずのままであり、ルーヴル宮殿もまだまだ工事現場のままだった。

ようやく安定期を迎えたマザラン宰相時代後期のフランス建築の代表作は、王権ではなく一廷臣の卓抜したアイデアから生まれた。ニコラ・フーケの〈ヴォー＝ル＝ヴィコント城館〉および付属庭園がそれである。ヴォー＝ル＝ヴィコントはパリの南東ムラン近郊にある。現在ではパリ・リヨン駅から直通電車で四〇分ほどでムラン駅に着き、あとはタクシーで二〇分ほどの距離である。

一六五六年、のちに財務卿にまでのぼりつめたニコラ・フーケは、王の首席建築家ルイ・ル・ヴォー、のちに王の首席画家となるシャルル・ル・ブラン、そして〈王の造園師〉〈造園師の王〉アンドレ・ル・ノートルといった各分野の当代随一の才能を結集してことにあたらせた。

一六五〇年代、当時の文化の先進地域だったイタリア半島では建築、絵画、彫刻、演劇、そして音楽などさまざまな芸術分野でバロック芸術が花を咲かせていた。フランスでもイタリア出身の宰相マザランによって、一六四〇年代からイタリア・バロックの導入が図られ、一六四七年にはルイジ・ロッシの作曲、ブティ神父の台本、ジャコモ・トレッリの舞台装置・演出によりオペラ『オルフェーオ』が上演された。

全編の台詞《せりふ》をすべて歌うオペラという劇場ジャンルは定着しなかったが、トレッリの華麗なバロック的舞台は大成功をおさめ、舞台のうえで展開されたつかのまの、ローマ・バロック風の聖堂建築や宮殿建築にフランス人たちは目をみはった。

しかし、石造の恒久建築の世界ではフランソワ・マンサールらの端正なルネサンス建築がまだ主流だった。このようななか、一六五〇年代から一六六〇年代にかけて、もっともローマ・バロック建築の影響を受けたのがル・ヴォーであり、もっともローマ・バロック建築の世界に接近したのがヴォー＝ル＝ヴィコント城館やパリのコレージュ・デ・キャトル・ナシオンだったのである。

宮廷バレ『テティスとペレの婚礼』上演風景。プティ・ブルボン宮殿の劇場にて。大成功をおさめた華麗なバロック的舞台。人びとは舞台上のローマ・バロック風の聖堂建築や宮殿建築に目をみはった。

ヴォー＝ル＝ヴィコント城館

ヴォー＝ル＝ヴィコント城館は庭園側中央にローマ・バロックが好んだ楕円形平面の吹き抜けの広間をもち、その上にやはりローマ・バロック譲りの楕円《だえん》形平面の二重殻ドームを戴いている。

入口側のファサードは、ペディメント（三角破風《はふ》）を戴いた四本のドリス式円柱で飾られた正面入口を中心に、まるで両腕を前方に張り出すかのようなダイナミックなデザインで、これもローマ・バロック風である。

反対側では楕円形平面ドームを中心に

ヴォー＝ル＝ヴィコント城館庭園側ファサード：中央に楕円形平面のドームを戴くきわめてローマ・バロック的なファサード。ドリス式円柱４本とイオニア式ピラスター４本がペディメントを支えているが、この部分はややとってつけたような感じがする。

両端にイオニア式のジャイアント・オーダーを備えた堂々たるパヴィリオン（アヴァン・コール、張り出し部）をもつ印象的なファサードで庭園に対している。イオニア式ジャイアント・オーダーは側面ファサードを経て入口側ファサードの両端のパヴィリオンをも支配している。

これら四面のファサードは、イオニア式ジャイアント・オーダーの他に、おたがいに密接な有機的関係を保つための要素をもっていないという点でもバロック的である。バロックの美学においては、目の前に展開する世界をもっとも重視するのであり、基本的に正面からみられることを想定された各ファサード間の関係は重要とはみなされないのである。

バロック様式の内装

ル・ブランが手がけた内装も同時代のイタリアのバロック様式にもとづくものである。ル・ブランは一六四〇年代前半にローマに留学し、ローマから帰国する途上でもフィレンツェのパラッツォ・ピッティにおけるピエトロ・ダ・コルトー

ヴォー＝ル＝ヴィコント城館の１階平面図：中央に楕円形平面の広間を配置し、正面に対しては両翼を湾曲させてダイナミックな造形を追求しているところなど、ローマ・バロック的造形がみられる。

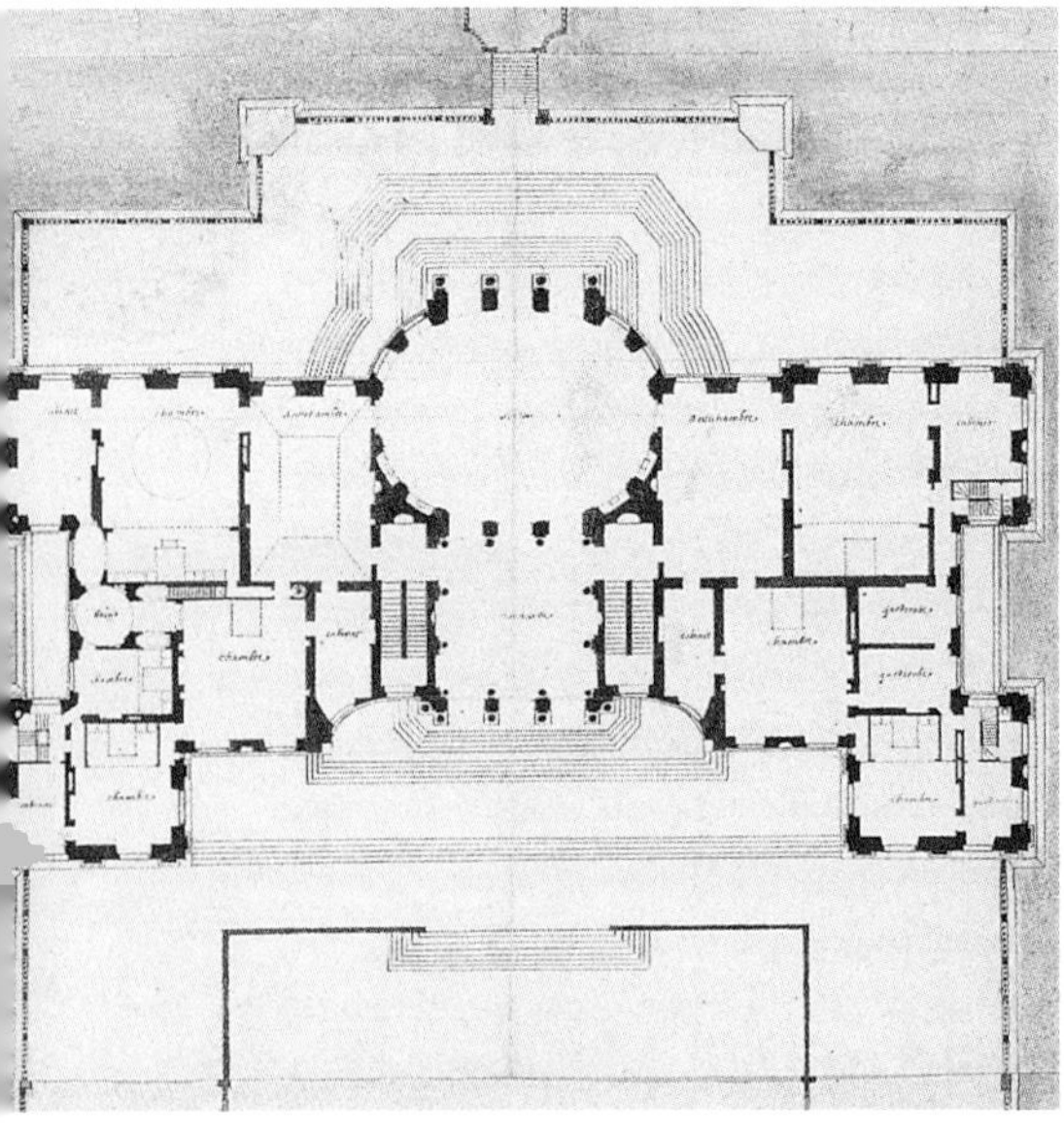

ナの七惑星の広間群の天井画の製作現場に立ち寄ったといわれている。

　イタリア・バロックの天井装飾は、スタッコ装飾またはトロンプ・ルイユ（だまし絵）の技法による額縁《がくぶち》に縁どられた中央の天井画を中心に、やはりスタッコ装飾やそれを模したトロンプ・ルイユを駆使した古代風浅浮彫《あさうきぼり》や小絵画群を配したもので、ときにはそれらの天井画群のあいだに空が描かれ、天を舞う擬人像《ぎじんぞう》が装飾的にほどこされて、官能的なものになっていた。

　ヴォー＝ル＝ヴィコント城館でもル・ブランによってこのような様式で各広間の天井画が仕上げられた。フーケ夫人の寝室は九柱のミューズの女神たちが天井画中央と四隅に配され、〈ミューズの間〉と呼ばれる。

　楕円形平面の大広間では、二階部分に四季と黄道《こうどう》十二宮の擬人像が、男性の上半身を逆ざや形の柱とくみあわせるテルム柱という手法で表現された。また、フーケの紋章であるリスに栄光を与える太陽神アポロンを中心とした古代神話の世界が、イタリア・バロック的な筆致で描かれる予定だった。

　徳を授ける神という主題は王の寝室にもみられる。「真実」を天へともち上げる「時」を描いた中央の天井画の四方に

ヴォー＝ル＝ヴィコント城館正面入口：ドリス式円柱４本とそれによって支えられたペディメント（三角破風）からなる古代神殿風のモチーフが玄関を飾っている。ペディメントの上には、竪琴を持った太陽と音楽の神アポロンが向かって左側に、豊穣の角を携えた「豊穣」が右側に寝そべっている。

パヴィリオン端部のイオニア式ジャイアント・オーダーの上部：端部の処理がやや複雑であり、全体のシルエットに微妙な色合いを添えている。

ル・ブランが立ち寄ったパラッツォ・ピッティのヴェーネレの間の天井画：ヴェーネレ（ウェヌス）は、ここでは美と快楽の女神として描かれ、君主が距離をおくべき存在という位置づけである。メディチ家の若き君主が、戦の女神ミネルヴァ（アテナ、ミネルウァ）と英雄エルコレ（ヘラクレス）により、君主の道へと導かれているが、ヴェーネレの美しさに後ろ髪を引かれているようである。

楕円形大広間のテルム柱　黄道十二宮の白羊宮：テルム柱のお腹の部分に羊の浅浮彫をほどこしたメダル装飾がみられる。テルム柱とは男性の上半身を逆ざや形の柱と組み合わせたものであり、ヘルメス柱ともいう。

楕円形大広間：天井画と１階部分の装飾は未完成だが、黄道十二宮と四季を擬人化した16本のテルム柱などからなる２階部分の装飾の完成度はきわめて高い。

１階アーケードを飾るコンポジット式ピラスターの柱頭：１階部分はコンポジット式ピラスターのみ完成しているが、柱頭の完成度は高い。

ミューズの間の天井画中央　歴史の女神クリオ：右手に鍵を持っているのは「忠実」の擬人像で、フロンドの乱勃発時におけるニコラ・フーケの王に対する忠誠を表現しているといわれている。そのかたわらには歴史の女神クリオが描かれている。クリオは伝統的に９柱のミューズの女神たちの最初にその名があげられている。

同隅部　喜劇の女神タリーと悲劇の女神メルポメーヌ：右手に仮面を掲げたタリー（タレイア）と冠を戴いたメルポメーヌ（メルポメーネー）。彼女たちの背後にはトロンプ・ルイユ（だまし絵）の手法で青空が描かれている。伝統的にタリーは３番目、メルポメーヌは４番目のミューズとされる。

同隅部　舞踏の女神テルプシコルと音楽の女神ウーテルプ：左の女神がテルプシコル（テルプシコレ）、横型フルート（フリュート・トラヴェルシエール、フラウト・トラヴェルソ）を吹いているのが音楽の女神ウーテルプ（エウテルペ）。伝統的にウーテルプは２番目、テルプシコルは７番目のミューズとされる。

王の寝室の折上げ天井に描かれたジュピテール：右手に杖を持ったジュピテール（ユピテル）とその聖鳥である鷲が描かれている。

楕円形大広間の天井画案（オードランによる銅版画）：実現することのなかった天井画案。これは1681年にオードランによって銅版画にされたもの。天井画中央には王家の紋章がみえるが、ル・ブランの原案では天に昇るリス（フーケの紋章）がみられ、アポロンやジュピテール、マルスなどの神々によりさまざまな美徳が与えられている。全体に描かれているのは、古代ローマの詩人オウィディウスの『変身物語』に描写された太陽神の宮殿であり、楕円形平面のドームの縁を「一年」を象徴する蛇が取り巻いていて、春夏秋冬の擬人像も並んでいる。

同ヴェルテュムヌ：ローマ神話の豊穣の神ヴェルテュムヌ（ウェルトゥムヌス）の左手の下にはたくさんの花と果実が描かれている。その下には果実や花のみごとなスタッコ装飾がみられ、絵画と一体化している。

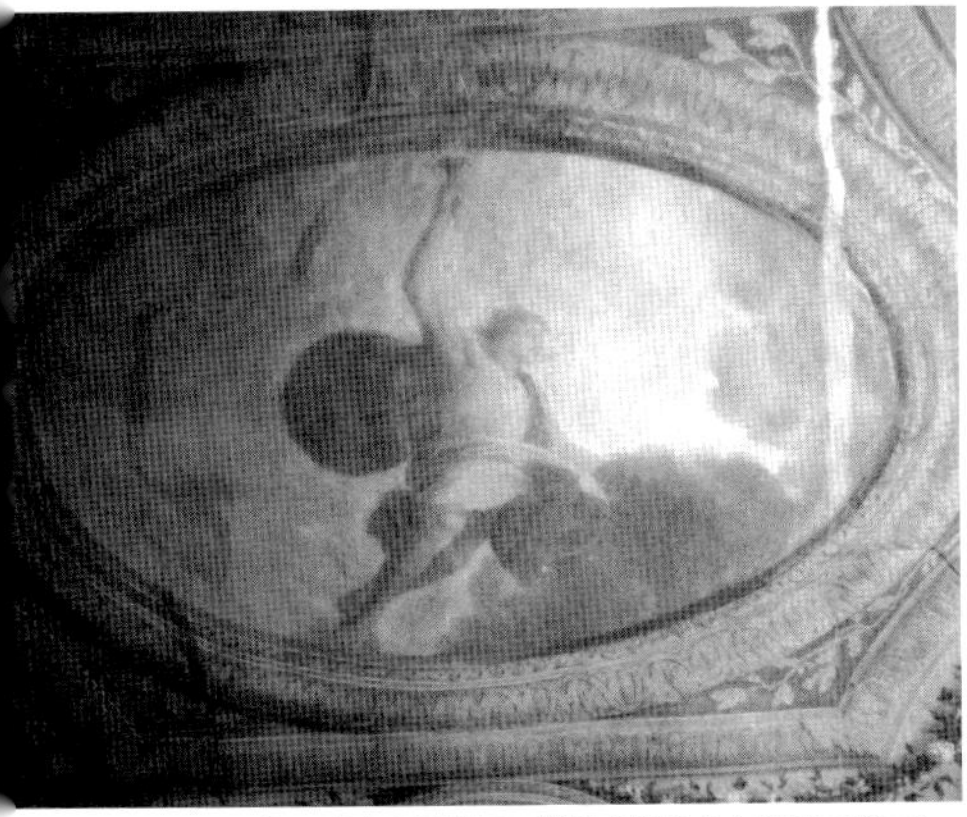

フーケの寝室の天井画：世界を照らす太陽神アポロンが描かれている。ルイ14世が自らの権威を表現するのに太陽神アポロンの姿を借りることが多かったなかで、フーケの寝室におけるこの表現はフーケ失脚の一因となったのかもしれない。

は、「公正」を授けるジュピテール（ユピテル）、戦における徳を授けるマルス、学芸・科学に関する徳を授けるメルキュール（メルクリウス）、「豊穣」の徳を授けるヴェルテュムヌ（ウェルトゥムヌス）が配されている。

以上の主要な広間はすべて主要階（ピアノ・ノービレ）である一階、それも庭園に面した格式の高い場所に配置されたが、二階にあるフーケ自身の寝室でも古代神話の世界が展開された。そこでは昇る太陽と沈む太陽が対となって描かれ、アポロンもしくはディアーヌが他者に懲罰を与える主題を描いたものが四枚そのまわりに配されている。

フランス式庭園

ル・ノートルが手がけた庭園もみごとなもので、その保存状態も含めて欧州随一の名園である。無限に伸びるかのような中央軸線を中心として、刺繡《ししゅう》花壇、泉水、運河などが左右対称に並んでいるかのような印象を与えるフランス式庭園である。
城館からは刺繍花壇と運河が平面的に展開しているようにしかみえないが、城館から離れて中央軸線をすすんでいくと、滝（カスケード）やグロット（洞窟風装飾）が姿をあらわし、イタリア・バロック的な驚きの効果を見る者にもたらす。

わが国の一般的な庭園のイメージ、すなわち、自然界を縮小して再現したというイメージと比較すると、植物さえも直方体や球体に整える（トピアリー）フランス式庭園の幾何学性は、それとは対極の完全に人工的な世界であるかのようにみえる。

だが、洋の東西を問わず庭園とはすくなからず人工的なものであり、フランス式庭園における人工と自然の関係もそう単純なものではない。フランス式庭園のなかでもっとも人工的な存在である刺繍花壇は城館の近くに配され、無限につづくかのような中央軸線は自然の森のなかに消えてゆく。広大なフランス式庭園は、城館という人工物と自然の森をふたつの極として、人工と自然がグラデーションを描いて人工物に収斂《しゅうれん》していく、あるいは自然物へと融解《ゆうかい》していく場なのである。

ヴォー＝ル＝ヴィコント庭園全景：楕円形平面のドームの上のランタン（頂塔）からの眺望。ヴェルサイユ庭園に比べて小規模で、手入れも行き届いたヨーロッパ随一の名園である。

ヴォー＝ル＝ヴィコント庭園　滝（カスケード）：城館からはみえず、そこから遠ざかるにつれて姿をあらわしてくる。バロック風の驚きの効果である。

フーケの失脚

一六六一年八月一七日、ニコラ・フーケはここを舞台に王と王妃を招いて大祝典を挙行した。当時の大喜劇作家モリエールのコメディ＝バレ『うるさがた』が上演され、フランソワ・ヴァテルによるみごとな晩餐《ばんさん》、そして花火大会なども催された。

しかし、これがフーケの命取りとなった。一八世紀の啓蒙思想家ヴォルテールの『ルイ一四世』によれば、ヴォー＝ル＝ヴィコントと大祝典のあまりの豪壮さに王が怒ってしまったという。けれども実際は、一六六一年三月九日の枢機卿マザラン病没を受けて、ルイ一四世と側近コルベールはマザランの後釜《あとがま》をねらっていた財務卿フーケを排除する工作を水面下ですすめていたといわれている。

フーケは巻きかえしを期して自領ベリール要塞への逃亡を図るが、ダルタニャンによりナントで逮捕され、公金横領の罪で終身刑に処された。かくして、王の権勢をもしのごうとしたフーケとヴォーの夢は未完のままついえたのである。

column

❶ オーダー

神殿の構造

古代ギリシアの神殿建築は木造だったといわれているが、神殿が石造になってからも、柱と梁《はり》・桁《けた》による構法は踏襲された。このような構法を軸組《じくぐみ》構法という。そのため、ギリシアの神殿建築の外見を律するのは、神像を祭る神室（ギリシア語でナオス、ラテン語でケッラ）を取り囲んで立ち並ぶ円柱の比例とリズムだった。

円柱にかかわる八つの用語

円柱のことを英語でコラム（column）といい、上部の飾りの部分を柱頭、またはキャピタル（capital）、下部の飾りの部分を柱礎、またはベース（base）、これらのあいだの柱の本体を柱身、またはシャフト（shaft）という。

また、円柱の上に載る梁・桁の部分をエンタブレチュア（entablature）といい、この部分も三部分、すなわち、突き出た軒の部分にあたるコーニス（cornice）、浅浮彫やそのほかの装飾がほどこされる中間のフリーズ（frieze）、直接柱を受ける下部のアーキトレーヴ（architrave）の部分に分かたれる。

古代の円柱にかかわる語彙《ごい》としては以上の八つをおさえておけば、さしあたり十分だろう。逆にいえば、この八つの用語がわかっているという前提にたたないと、古代ギリシア・ローマ建築やその影響下にあるルネサンス以降の古典主義建

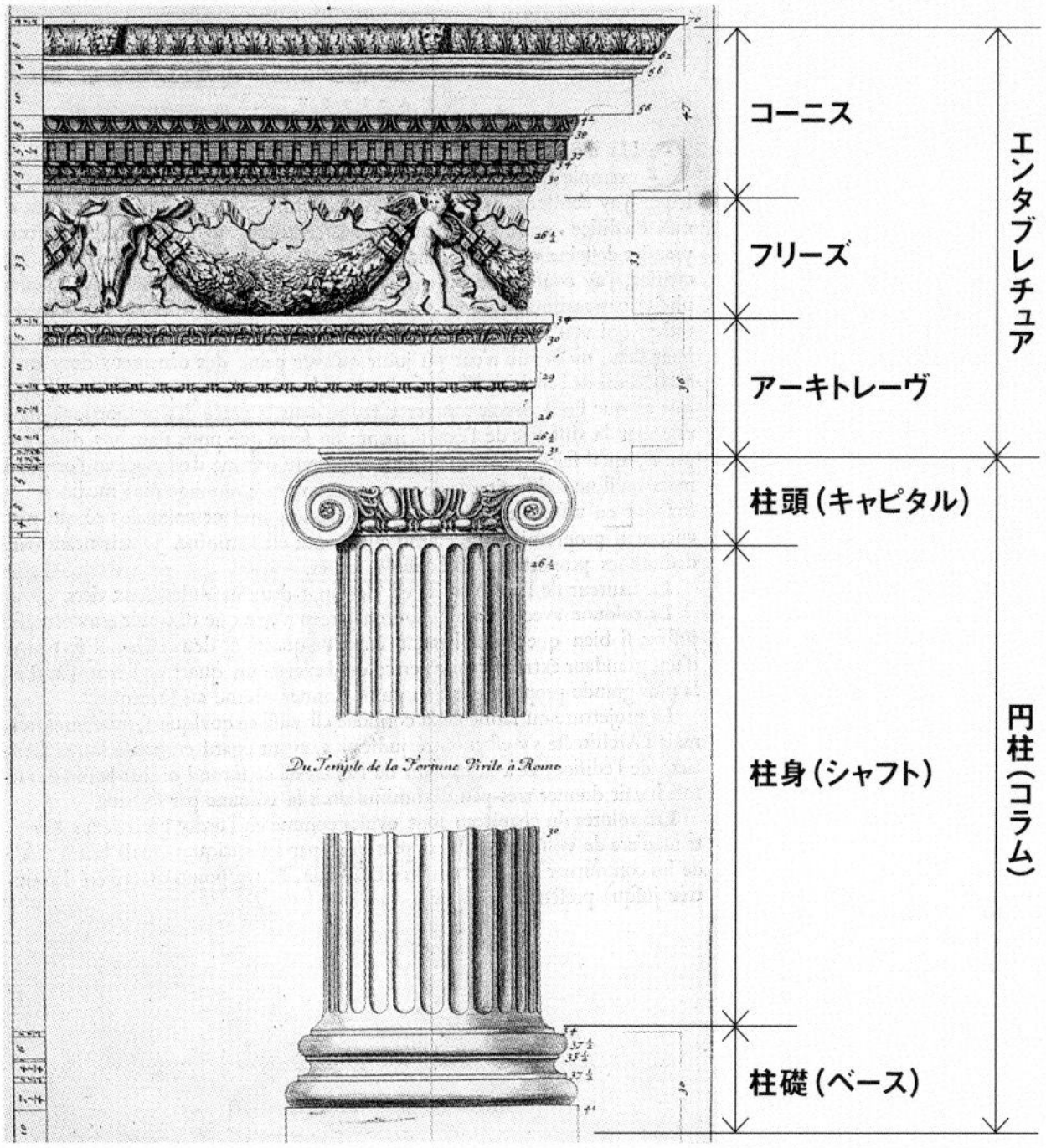

ローマのフォルトゥーナ・ウィリリス（男運女神）の神殿の詳細図：1650年に出版されたロラン・フレアール＝ドゥ＝シャンブレの『古代建築と現代建築の比較』に、古代建築の模範例として掲載されたもの。もともとはテヴェレ川の港の神ポルトゥヌスの神殿だったということだが、古代ローマの詩人オウィディウスの『祭暦』には、若い女性が男運がよくなるように祈る神殿だと記述されていて、すでに紀元前1世紀にはそう信じられていたようである。

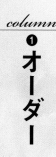

築の建築的説明は不可能である。

古代円柱の三種の様式

さて、その円柱には〈ドリス式〉〈イオニア式〉〈コリント式〉の三種類があった。それぞれ、男性、婦人、乙女の身体比例をあらわすものといわれていて、ドリス式は太くて頑健、イオニア式は中《ちゅう》庸《よう》の太さで優雅、コリント式は細くて繊細といった性格をもつものと考えられていた。

三種の円柱の様式の本質的なちがいは以上の比例の差異につきる。だが、実際に円柱の様式を見わけるときは、柱頭の装飾に注目するのがよいだろう。

ドリス式の柱頭はもっとも単純で、アバクスと呼ばれる方形の板状の部分とエキノスと呼ばれる饅頭《まんじゅう》のような丸い部分からなっている。イオニア式の柱頭にはその両側にヴォリュートと呼ばれる渦巻状の装飾があり、コリント式の柱頭はアカンサスという植物の葉っぱと蔓を模した装飾でおおわれていて、もっとも華麗である。

古代ローマ人たちもこれらの三種の円柱の様式を古代ギリシアから受けついだが、もっぱら華やかなコリント式を用いた。また、木造建築に由来する軸組構法は、もともと石造建築には向かないということで、これらの円柱を、梁・桁を支えるための構造柱としてではなく、石、れんが、コンクリートによる壁の一部として浮彫や彫刻のようにあつかうというわりきりのよさを発揮している。

しかし、紀元後五世紀以降になり、古代ローマ世界が終焉《しゅうえん》を迎える頃となるとこれらの円柱の様式にさまざまな改変が加えられ、徐々に中世建築のボキャブラ

ドリス式の柱頭：ローマのパラッツォ・バルベリーニの正面ファサード１階部分。このパラッツォはカルロ・マデルノ、ジャン・ロレンツォ・ベルニーニ、フランチェスコ・ボッロミーニといったローマ・バロックの三大巨匠の共同作品である。

イオニア式の柱頭：レオ・フォン・クレンツェによるミュンヘンのグリプトテーク（彫刻美術館）から。

コリント式の柱頭：カルロ・マデルノによるローマのサン・ピエトロ使徒座聖堂のファサード中央部から。

トスカナ式の柱頭：西村好時による横浜・馬車道の旧横浜銀行本店別館。1929年に竣工。現在の建物は2003年に復元したものだが、オーダー部分にはオリジナルの材料が用いられている。なお、古今東西を通じて、明確にトスカナ式オーダーを使用していると断言できる例は実はかなり少ない。

コンポジット式の柱頭：ローマのサンタ・マリア・イン・モンテサント聖堂。ローマの北の門に隣接するポポロ広場に面して建つ双子の教会堂のうちのひとつ。

リーのなかに溶解していき、オリジナルなかたちでは用いられなくなっていく。

五種のオーダー
――ルネサンス以降の体系化

これらの円柱の様式が大々的な復活を遂げるのは、古代末期から一〇〇〇年を経たルネサンス時代になってからだった。そして、一六世紀のルネサンス人たちはこれらの円柱の様式を、非常にシステマティックな比例体系として整えていった。

その体系化を余すところなく伝えてくれるのが、ジャコモ・バロッツィ・ダ・ヴィニョーラの『建築の五種のオーダーの規則』であり、これらの円柱と梁の比例体系のシステムに「オーダー」（イタリア語ではオールディネ）という言葉を与えたのも彼だった。

ルネサンス人たちにとって、これらのオーダーは五種類あった。古代の三種にあらたに二種、すなわち、トスカナ式とコンポジット式（複合式）が加わったのである。彼らはこの二種を加えたのは古代ローマ人だと主張していたが、実際には古代の実例や建築書（ウィトルウィウスの『建築十書』が唯一残ったもの）からインスピレーションを受けて彼ら自身が認識したオーダーである。

トスカナ式の柱頭はドリス式と同じだが、ドリス式よりも太く、田園に似つかわしいオーダーとされた。コンポジット式はコリント式と同じ比例ながら、もっと繊細で華麗な装飾をまとっていた。その柱頭はイオニア式のヴォリュートとコリント式のアカンサスの葉っぱを組み合わせたものである。したがって、五種のオーダーの順番は太い方から細い方へ、トスカナ式、ドリス式、イオニア式、コリント式、コンポジット式となる。

そして、ルネサンス時代に誕生したこれら五種のオーダーは、以降、建築デザインの中核を担うものとして尊重され、一九世紀、あるいは二〇世紀のはじめまで、オーダーを用いた古典主義建築が建てられつづけていくことになる。

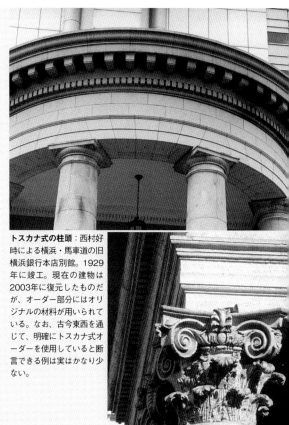

column

❷

ジャイアント・オーダー

装飾としてのオーダー

オーダーとは、古代ギリシア・ローマの神殿建築に用いられた円柱の様式に由来する、円柱と梁・桁の一大比例体系である。もともとは神殿建築の軸組構法を構成する構造材であり、円柱の部分は梁・桁にあたるエンタブレチュアを支えるという構造的役目を果たしていた。それが古代ローマ人たちによって、別の構造様式である壁構造やアーチ構法に装飾として適用されるようになり、構造材としての意味を失ってしまった。

しかし、構造的な意味がなくなってからも、これらの円柱の様式が軸組構法に由来することが忘れられることはなく、ルネサンス時代にオーダーとして復活を遂げたあとも、建築物の各階ごとにそれ

カルロ・マデルノのサン・ピエトロ使徒座聖堂ファサード（1606〜24）：ジャイアント・オーダーの使用もさることながら、各柱の立体感や柱間寸法を変化させせることによってファサードに躍動感をもたらしている。1階のエンタブレチュアを支えるイオニア式オーダーは一部にしかほどこされていない。

ぞれオーダーがほどこされるのが規則となっていた。構造的な意味がないとしても、各層の柱（の造形）が各階のエンタブレチュアを支えているようにみえるということに意味があったのである。

ミケランジェロのオーダー革命

この決まりごとの世界に最初の革命をもたらしたのは、あのミケランジェロである。かれはローマのカンピドリオの丘（かつてのローマの宗教的中心カピトリヌスの丘）に広場を造形した際、その広場を取り囲む建造物群のひとつとしてパラッツォ・デイ・コンセルヴァトーリを設計した。彼はそのファサードで一階と二階をぶち抜く巨大なオーダーを構想した。これをジャイアント・オーダー、または大オーダーという。

リュクサンブール宮殿（1613〜）の庭園側ファサード：ルネサンス建築のファサードは三層構成が多い。ここでは下からトスカナ式、ドリス式、イオニア式の順にオーダーが重ねられている。

パラッツォ・デイ・コンセルヴァトーリ（1561〜84）のファサード：1階と2階をぶち抜くコリント式のジャイアント・オーダーと1階にほどこされた通常のスケールのイオニア式オーダーが対照的である。そして、ジャイアント・オーダーに見合うスケールをもった2階のエンタブレチュアが全体に迫力を添えている。

もっとも、オーダーが各階のエンタブレチュアを支えているという、古代神殿の軸組構法に由来するフィクションをくつがえしたわけではなかった。一階のエンタブレチュアを支えるかのように、通常のスケールのイオニア式円柱を配したのである。このため、大小のスケールのオーダーの対比の妙がこのファサードに動きをもたらしている。

だが、ミケランジェロのこの革新的手法を試みる者は一六世紀には少なかった。一六世紀後半にヴェネツィア共和国で活躍したアンドレア・パラーディオや同じ頃のフランスの建築家ジャン・ビュランが数少ない例である。

この手法がさかんに用いられるのは一六世紀末からのバロック時代に入ってからである。カルロ・マデルノのサン・ピエトロ使徒座聖堂ファサードなど枚挙にいとまがない。しかしながら、この頃になると、円柱が各階のエンタブレチュアを支えるというフィクションは顧みられなくなり、ジャイアント・オーダーが用いられる場合はそれだけがファサード全体を支配するようになるのである。

ベルニーニのサンタンドレア・アル・クィリナーレ聖堂（1658〜70）内装：小規模だが、建築家が自らの最高傑作と称しただけあって、建築と彫刻と絵画が渾然一体となった非常に密度の濃いバロック空間である。

column

❸ ローマ・バロック

ボッロミーニのサン・カルロ・アッレ・クワットロ・フォンターネ聖堂外観（1665〜68）：ボッロミーニ自らが手がけたのは正面の下半分のみで、残りは甥の手になる。コリント式のジャイアント・オーダーと小さなスケールのオーダーの併用はミケランジェロ譲りの技法だが、波打つファサードはローマ・バロックの真骨頂といえる。

同内装（1638〜46）：複雑怪奇な形状のドームだが、円や正三角形などの幾何学図形を組み合わせてデザインされたものである。ランタン（頂塔）の天井には聖霊を表す白い鳩があしらわれている。

カトリック改革の結晶

一五一七年、ドイツ語圏諸国で活躍した聖職者マルティン・ルターは九五か条の論題で教皇レオ一〇世の贖宥状《しょくゆうじょう》（いわゆる免罪符《めんざいふ》）政策に抗議の声をあげ、カトリック教会の頂点である教皇に対して公然と反旗をひるがえした。

これを契機に北方の国々で宗教改革の嵐が吹き荒れカトリック存亡の危機に陥ったが、カトリック側もただ指をくわえて見ていたわけではなく、トレント公会議（一五四五〜六三）以降、行政改革を推進して聖省組織を整え、イエズス会などによる宣教、再宣教もすすみ、あらたなカトリック信仰の炎が燃えあがった。

そもそもバロック芸術は、このカトリック改革のなかから誕生したものであり、あらたに再生したカトリック信仰の炎が具現化したものである。ローマでは、ミケランジェロによって完成されたサン・ピエトロ使徒座聖堂のさらなる大拡張工事がはじまった一六世紀末以降、芸術の大きな潮流となった。

最初のローマ・バロック建築の巨匠は

アザム兄弟のザンクト・ヨーハン・ネポムーク聖堂（1733〜46）内装：ミュンヘンの街角に何気なくたたずむこの聖堂の内部に足を踏み入れた途端、金銀がきらめく熱情的なローマ風バロック建築の世界が広がり、見る者に驚嘆の念を起こさせる。

カルロ・マデルノである。サン・ピエトロ使徒座聖堂の延長された本体やそのファサード、ローマ市内のサンタ・スザンナ聖堂などの作品がある。

そして、次世代の建築家の時代に至り、ジャン・ロレンツォ・ベルニーニのサン・ピエトロ使徒座聖堂での一連の仕事や自ら最高傑作と称したサンタンドレア・アル・クィリナーレ聖堂、フランチェスコ・ボッロミーニのサン・カルロ・アッレ・クワットロ・フォンターネ聖堂のようなローマ・バロックの傑作群が誕生した。

欧州各地に伝播

この一大潮流はイタリア各地のみならず、若干のタイムラグを経たうえではあるが南ドイツやオーストリアなど欧州各地に広まっていった。トリノではグァリーノ・グァリーニのサン・ロレンツォ聖堂やパラッツォ・カリニャーノ、ミュンヘンではコスマス・ダミアン・アザム、エーギド・クヴィリン・アザム兄弟のザンクト・ヨーハン・ネポムーク聖堂、ヴィーンではヨーハン・ベルンハルト・フィッシャー＝フォン＝エルラッハのカールスキルヒェのようなローマ・バロック系統の名建築が建設された。

これらローマ・バロック風建築のデザイン的特徴は、前時代のルネサンス建築が正方形や円のような静的な幾何学図形を好み、平面的ファサードに各階ごとに等間隔でオーダーが並ぶというやはり静的な構成を望んだのに対し、よりダイナミックな楕円、凹凸激しくうねる立体的ファサードを指向したことである。このような特徴から「歪《ゆが》んだ真珠」を意味するポルトガル語バロッコにちなむ「バロック」がその様式名となった。

フィッシャー＝フォン＝エルラッハのカールスキルヒェ（1716〜25）正面：楕円形平面のドームを中央に据え、正面入口の両側に古代ローマ風の記念柱を２本立てるなど、さまざまな要素が渾然一体となったデザインで、ローマへの留学経験が遺憾なく発揮されている。

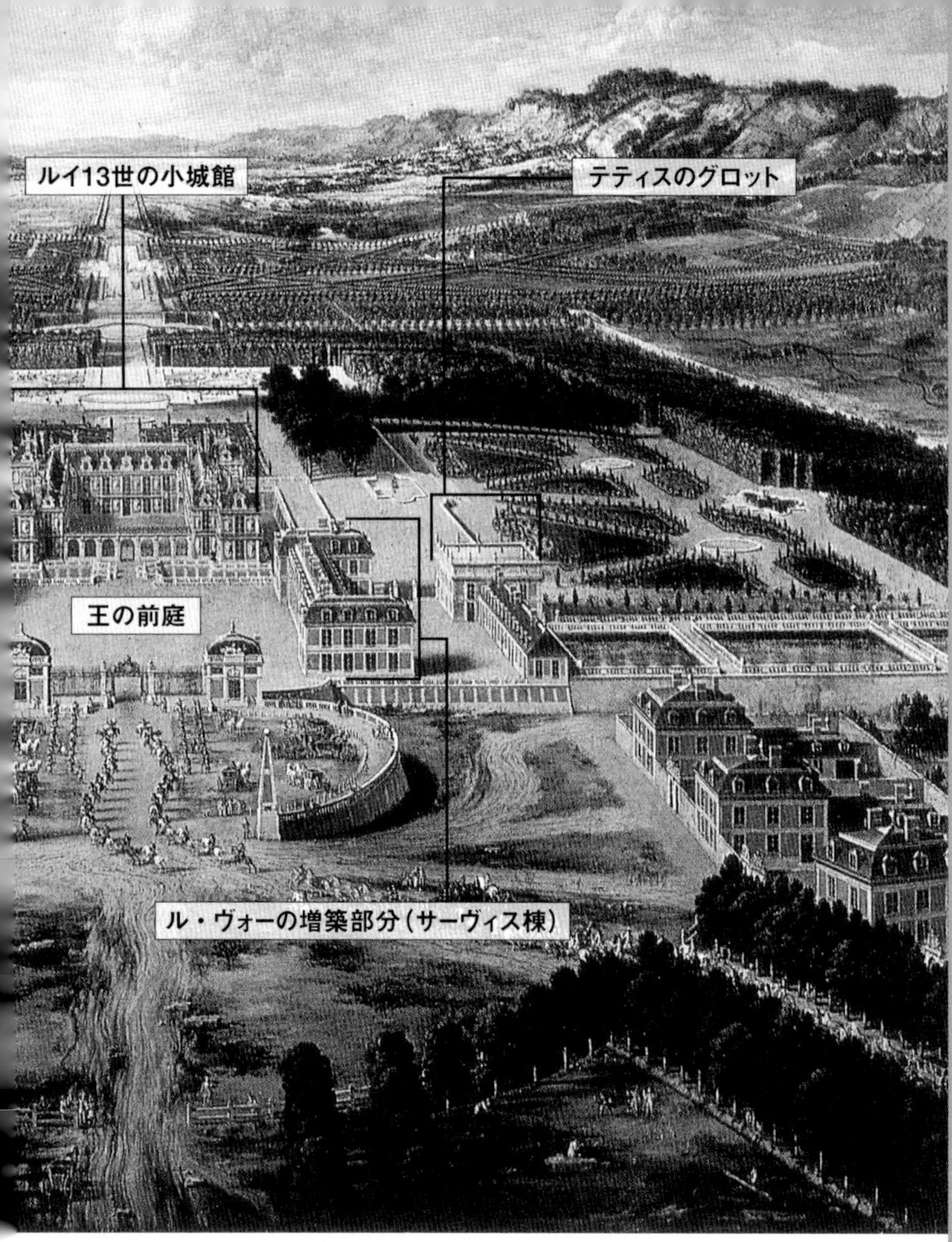

第2章 白亜の大宮殿へ

ルイ一四世の太陽の殿堂

ルイ一四世増築に着手

一六六一年三月九日に枢機卿マザランが没すると、ルイ一四世は自ら政務にあたる意思を表明し、親政を開始した。父王ルイ一三世から受けついだヴェルサイユ城館の増築に本格的に着手したのもこの頃である。

王は王の首席建築家ルイ・ル・ヴォーを召して、まずは父王の城館の左右前方に厩舎《きゅうしゃ》とサーヴィス棟を建設させた。現在でも南側の翼棟が残っているが、北側の翼棟は一七七一～七二年の改築工事により取り壊された。

このとき、ル・ヴォーはクリーム色の

ル・ヴォーの旧厩舎：1661年からおこなわれた拡張工事により、小城館の東側前面に王の前庭（cour royale）が新たに設けられ、その北側にサーヴィス棟、南側に厩舎が建設された。小城館が建てられてから30年ほど経過していたが、正面から見た景観を統一感のとれたものにするため、建築家はあえて、赤れんがとクリーム色の切石というツートン・カラーを基調としたルイ13世時代の古い様式を採用した。

ルイ・ル・ヴォー：1612年、パリで石工の息子として生まれた。1654年にジャック・ルメルシエの跡を襲って王の首席建築家に就任し、1650、1660年代の王の建設事業を主導した。1670年10月11日に亡くなっており、自らが設計したヴェルサイユ宮殿新城館の完成を見とどけることはなかった。

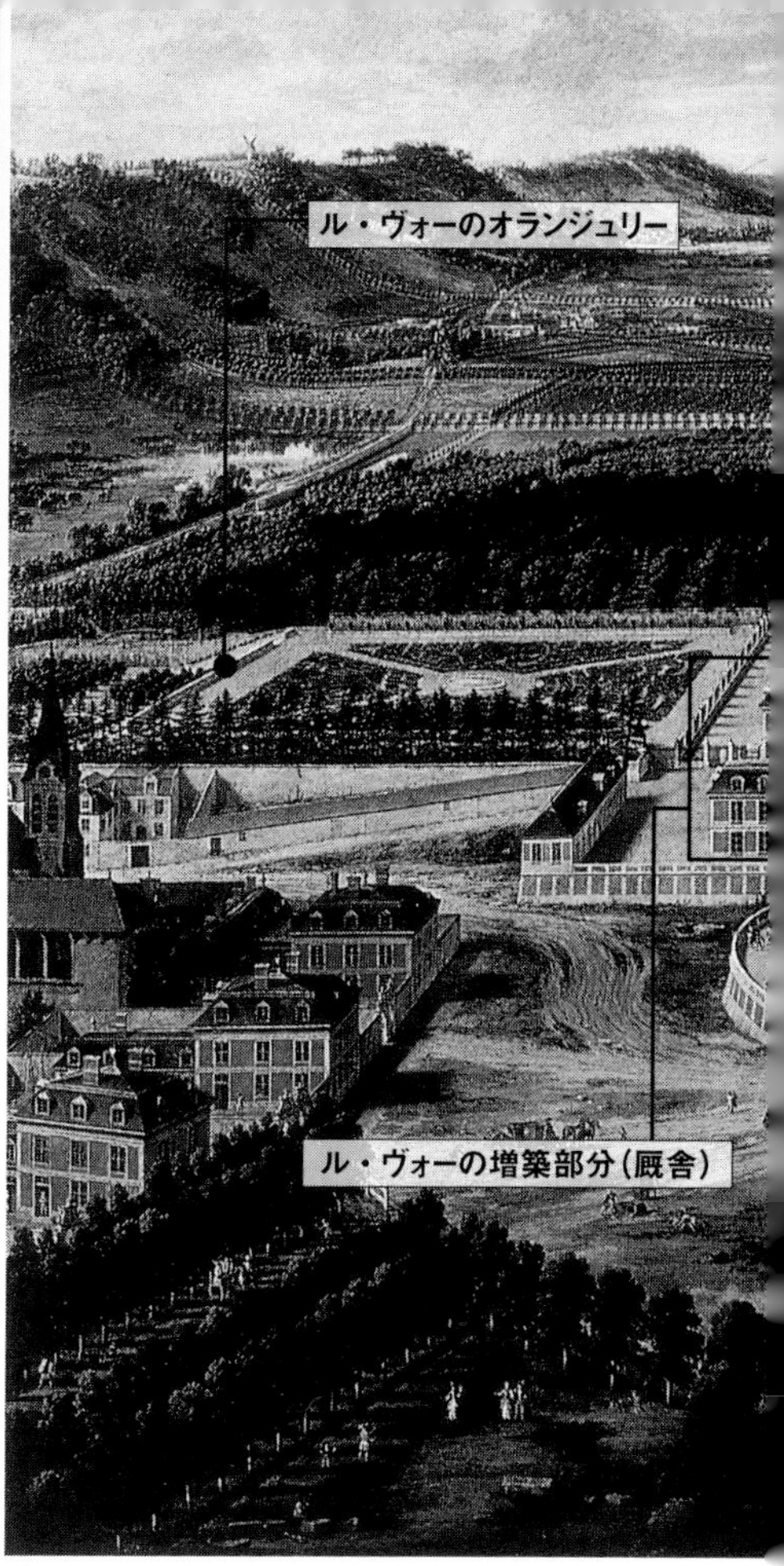

ピエール・パテルによる1668年のヴェルサイユ

切石と赤れんがというツートン・カラーによる古い様式を踏襲している。これは入口側からみたときの新旧建築物のデザインの調和を図ったからにほかならない。ル・ヴォーは城館南側の斜面を利用してオランジュリー（オレンジ温室）も建設している。

さらにシャルル・ペローの発案によるというテティスのグロットも一六六五年までに建設されている。これは現在の礼拝堂前の広間に相当する場所に建てられ、内部にはフランソワ・ジラルドンによる

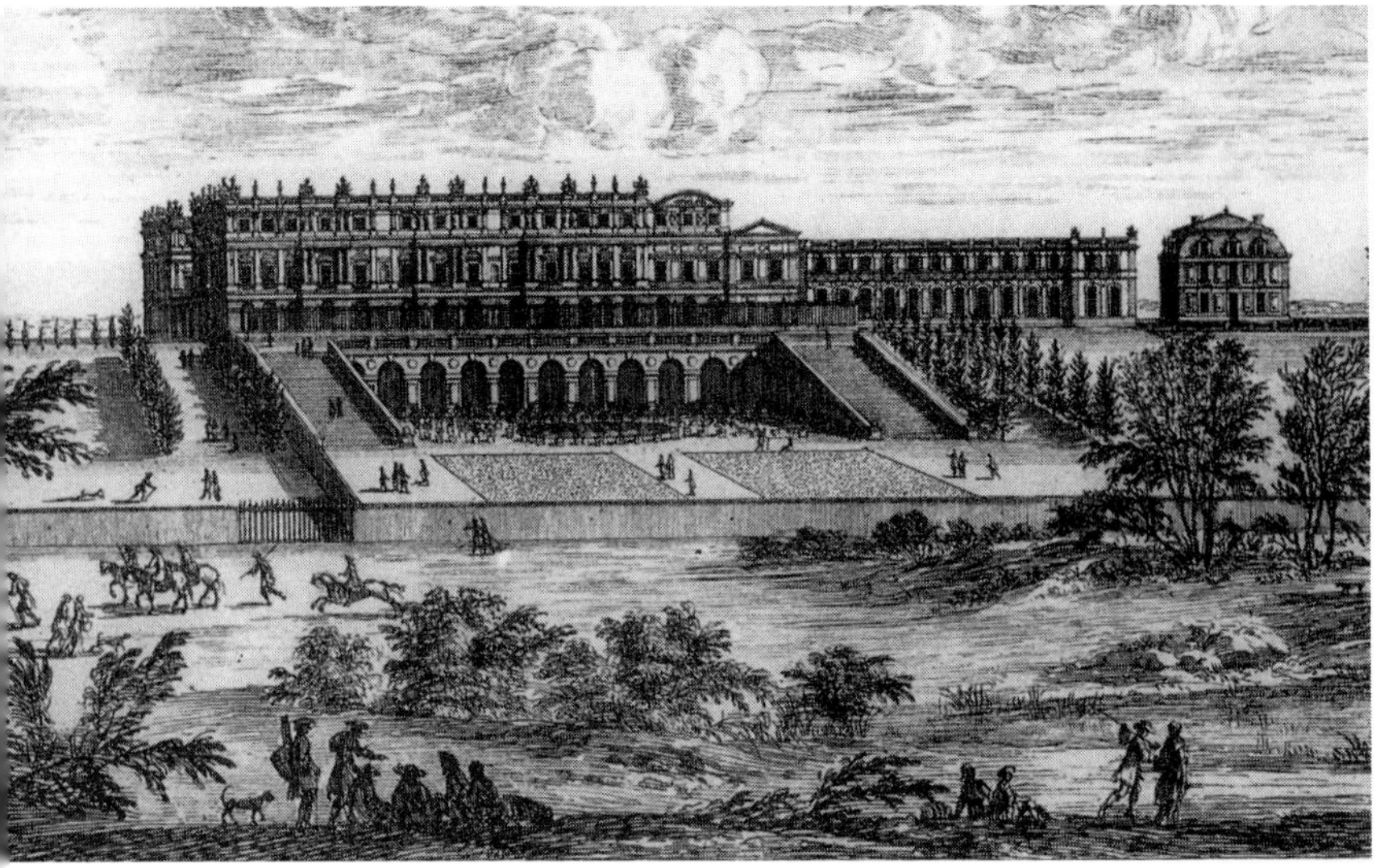

アポロンの水浴群像が置かれていた。ジラルドンによる大理石群像が完成したのは一六七二年であり、一六七六年まで置かれていたのは石膏製のレプリカではあったが。

ル・ヴォーのオランジュリー：オレンジの木はフランス北部では冬を越すことができないので、鉢植えにして、冬の間はオランジュリー、すなわち、オレンジ温室に格納した。もっとも、温室といっても摂氏数度というところである。

テティスのグロット正面：シャルル・ペローが自らの発案と『回想録』で表明した。三箇所の開口部は、中央の太陽から発せられる閃光を表現した、精妙な鉄細工によっておおわれている。

テティスのグロット内装：フランソワ・ジラルドンらによる大理石群像などが完成したのは1672年であり、1676年までは石膏製のレプリカが置かれていたという。海の女神テティス自身は表現されていない。

このグロットの壮麗さはジャン・ラ・フォンテーヌの小説『プシシェとキュピドンの恋』の最初の部分で幻想的に詠《うた》われている。とりわけ、この詩の最終部分では、豊かな水の戯れの魅力があますところなく表現されている。

　水が炎の役目を果たしており、まったく新しい方法で使われているのです。
技芸はさまざまな流儀で水を惜しむことなく巧みに使ったのでした。
碧玉の台から噴水が弾けるように吹き出し、
そして、真珠玉となって落ちてきます、
そう、霧のように、露のように。
大変な力で、噴水が勢いよく吹き上が

り、
ほとばしり出る水晶が豪奢な内装をたたいています。
その激しさは火の玉に匹敵するほどか、
あるいはそれ以上かもしれません。
水は、閉じた鉛の水槽のなかでは重かったのに、
すさまじい轟音とともに湧き出して、
いらだちを露《あらわ》にしますが、
一方では聴く者を喜ばし、やがて耳を酔わせることでしょう。
多くの噴水が、あたりに雨粒と分かれて降り注ぎ、
愚かなるも賢きも等しく濡らすことでしょう。
恐れようが恐れまいがいずれにしても同じことです。
誰しも自分が透きとおった水晶の丘のなかにいることに気づくでしょう。
噴水が乱れ飛ぶほどに、その美がいよいよ現れてきます。
水が交わり、合わさり、分かれて離れ、ぶつかり合い、
砕け散り、落ちていきます、石材をか

テティスのグロットの前に馬を立てる王と王妃：中央の白馬にまたがった人物がルイ14世。

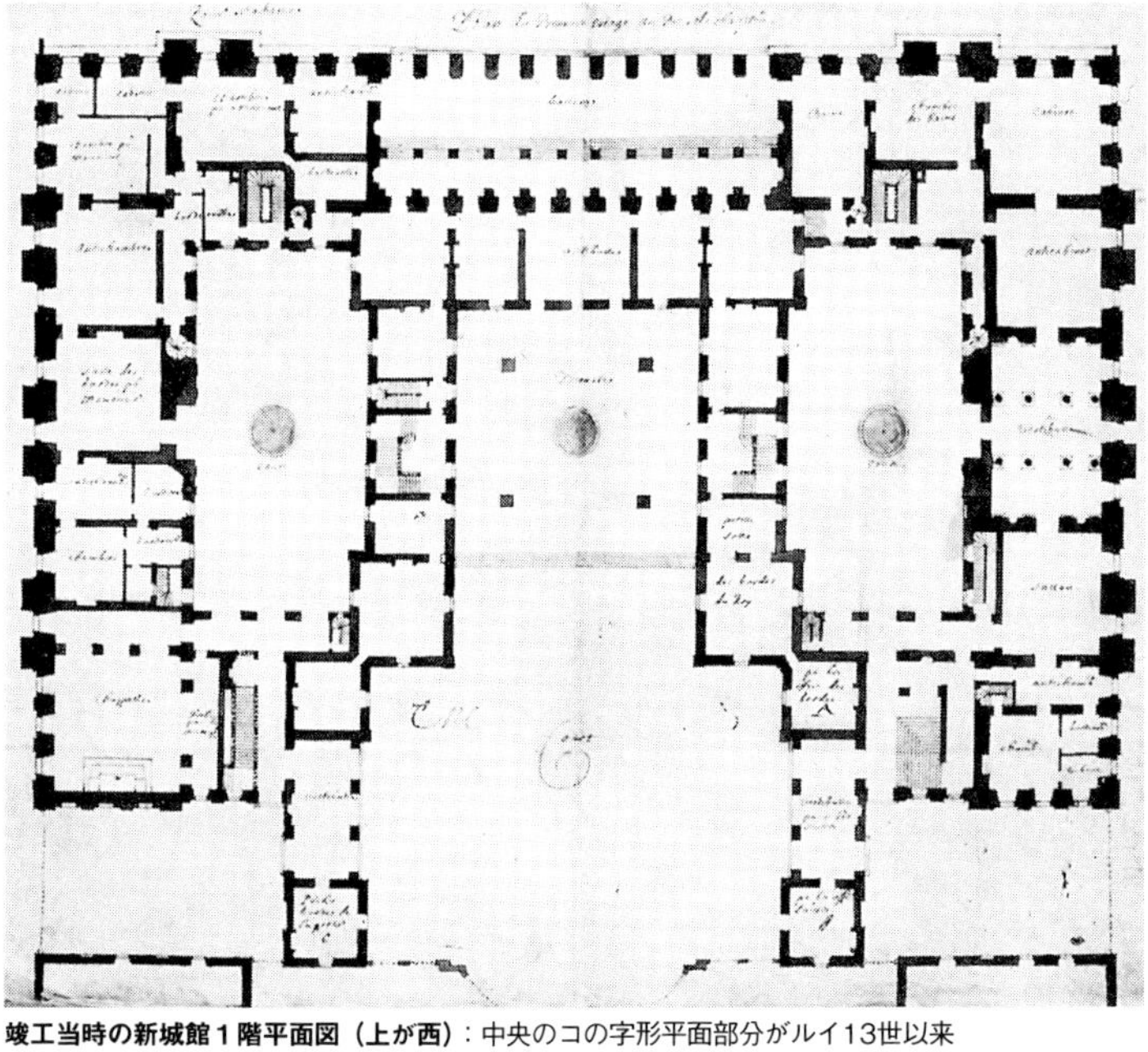

竣工当時の新城館1階平面図（上が西）：中央のコの字形平面部分がルイ13世以来の小城館で、それを北、西、南から取り囲むように新城館を建てたため、コルベールはこの新城館を「包囲建築（enveloppe）」と呼んだ。

すめて、
そして、蒸留器のように、その天井を
滴らせます。
ニッチも、その窪みも、逃げ場にはな
りません。
私のミューズ（文才）はこの大豪雨を
描くには力不足です。
たとえ、剣戟《けんげき》の声で天上を驚かそうと
も、
この場所の魅力を数えあげることはで
きないでしょう。

竣工当時の新城館庭園側ファサード：竣工当時は中央の11間（ここでは長さの単位ではなく、柱と柱のあいだという意味）を３間ほどセットバックさせて、２階にテラスを設けている。フランス風の勾配のきつい屋根ではなく、手すり壁の奥に低勾配の屋根を隠しながら配し、イタリア風の外見をしている。

小さな館を大宮殿に

だが、これら一連の事業もルイ一三世の小さな城館に豊かな彩りを添えるという以上のものではなかった。一六六四年に『魔法の島の歓楽』、一六六八年に『ヴェルサイユの王の大ディヴェルティスマン』と銘うたれた大祝典が催されたが、招待客の数に比べて城館側のキャパシティの不足はあきらかだった。そこでルイ一四世はより根本的な増築事業にとりかかったのである。この増築事業を手がけたのはまたもル・ヴォーだった。

ルイ一三世の小さな狩の館を大宮殿にするに際して、ルイ一四世は特異な要求を建築家につきつけた。それは父王の小城館を取り壊してはならないということである。建築家としては小城館を取り壊してさら地にしたうえで、新しい様式と構想で大規模な新城館を設計したかったのだが、王の望みとあらば仕方なかったのであろうか、小城館を三方から囲うように白亜の新城館を建設するという案を提出した。入口からは狩猟館が変わらぬオールド・ファッションなたたずまいをみせる一方で、反対側は新しいイタリアのトレンドをとり入れるというやり方である。新城館は一六六八年一〇月に着工した。

工事の中断

しかし、新城館が徐々に建ち上がっていくにつれ、王の気が変わったようで、一六六九年六月に一時、工事が中断した。やはりルイ一三世の小城館は取り壊すことになり、財務総監にして王の建設総監でもあった王の側近ジャン・バティスト・コルベールはさまざまな建築家・デザイナーたちによる設計競技《コンペティション》を催して良案を募った。

シャルル・ペローからコルベールにあてた六月二五日付の書簡によると、ル・ヴォーのほか、アンドレ・ル・ポートル、ジャック・ガブリエル四世、クロード・ペロー、カルロ・ヴィガラーニ、トマ・ゴベールの六名が参加した。

ジャン・バティスト・コルベール：1619年8月29日にランスで生まれた。1664年に王の建設総監、1665年に財務総監、1669年には宮内卿ならびに海軍卿に就任。ルイ14世の右腕中の右腕ともいえる有力な大臣で、コルベールティズムと呼ばれる重商主義政策を推し進め、国内の芸術・学術・産業の振興にも力を尽くした。1683年9月6日に薨去。

このときのコンペの諸条件を記したのがコルベールによる「ヴェルサイユの建造物において陛下が望まれていることについての覚書」(Mémoire de ce que le Roi désire dans son Bâtiment de Versailles) であり、「新しくつくられた部分すべてを用いること」、すなわち、一六六九年六月の時点でできあがっていた部分を取り壊さずに再利用することを要求している。

このうちヴィガラーニ、ガブリエル、ペロー、ル・ヴォーの案に対するコルベール自身の講評「ヴェルサイユのためにさまざまな建築家たちが提出した計画案についての講評」(Observations sur les plans présentés par différents architectes pour Versailles) が残されている。

それによるともっとも高い評価を与えられたのはル・ヴォー案だった。第二次世界大戦終了直後にフランスの史家アルフレッド・マリー氏によって、ストックホルム国立博物館で発見された一階平面図がその改訂案であることが、コルベールの講評との比較検討により確認されている。

この案では、一六六九年六月八日の段階で一階部分まで建ち上がっていた北側と南側のファサードがそのまま再利用されている。また、やはり一階部分まで建ち上がっていた西側ファサードについても、その基礎を新城館の東側ファサードのそれに転用することで規模の拡大を図っている。コルベールの講評の冒頭で「つくられた部分はすべて保存される」と述べられているとおりである。

「包囲建築」の完成

だが、この案が実現することはなかった。コルベールは「ヴェルサイユ宮殿：概論」(Palais de Versailles: Raisons générales) で、さら地にして最初からやり直すのか否か、「新しく建てられた部分」を残すのか取り壊すのかについて、その長所短所を冷静に列挙したうえで、小城館を残す当初の計画案に戻ることが最善とはいえなくとも次善の策であると王に進言している。

この史料のなかで新城館は「包囲建築」(enveloppe) と呼ばれている。結局、コルベールの進言は受け入れられたようで、ルイ一三世の小城館を三方から囲むように新城館を建てるという当初の計画で、一六七〇年夏には本体が完成した。

この新宮殿のファサードは小城館の古めかしいルイ一三世様式と決別し、あらたな息吹を感じさせるイタリア風のデザインをまとった。基壇《きだん》風にデザインされた一階、主要階にふさわしくイオニア式オーダーで装飾された二階、アティック(屋階《おくかい》)と呼ばれる一種の屋根裏部屋からなる三階という三層構成のファサードの上を飾るのは、低勾配の屋根をかくす手すり壁である。屋根裏部屋を含む急勾配の屋根が堂々たる、フランス風のつくり方とは一線を画している。

このように、ル・ヴォーの計画はルイ一三世のヴェルサイユの印象を一新するものであり、この事業が小さな狩の館から大宮殿への決定的なステップとなったことは疑いない。だが、ルイ一三世の小城館を残すという決定は新城館の設計にさまざまな制約を課すことにもなった。

たとえば、新宮殿の窓の大きさがこの規模の建造物としては小さくなった。これは、二階の西側ファサード中央部一一スパン分を、小城館の西側ファサードまでセットバックさせたことによる。つまり、西側ファサード二階中央部の開口部を小城館のそれにあわせなければならず、結局、新城館のすべての開口部を同じ大きさにそろえるとなると、小城館のそれに近いものとならざるをえなかったのである。

バロック建築に特徴的なジャイアント・オーダーで二階と三階を装飾するのではなく、二階だけにイオニア式オーダーをほどこしたこととあわせ、これが、新宮殿に壮大というにはややせせこましい印象を与えている。

意外にヒューマン・スケール?

一方、各広間の大きさは小城館のそれに比べて王の宮殿にふさわしいものになった。もっとも、この時期のフランスの宮殿建築や貴族の住宅建築は、機能性や居住性を完全に無視したものではなかった。そのため、同時代のイタリアのパラッツォ建築や一八世紀以降のドイツ語圏など、欧州各国の宮殿建築の広間と比べて大きすぎるということはなかった。

おそらく同様の理由で、新宮殿の床は大理石などの高価な石材を用いたものではなく、摩耗《まもう》に強くメンテナンスも容易な木材のマルケトリによるものとなった。

新城館南側ファサード：新城館のファサードは、パリ南東のクレテイユ産のクリーム色の石材が用いられて、イタリア風の新しいデザインでまとめられた。1階は基壇風のデザイン、2階はイオニア式オーダーで装飾された主要階、3階はアティックと呼ばれる一種の屋根裏部屋という三層構成となっていた。

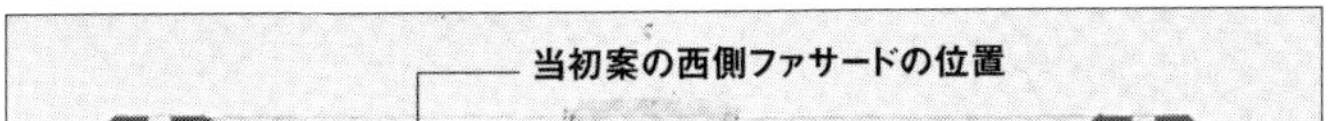

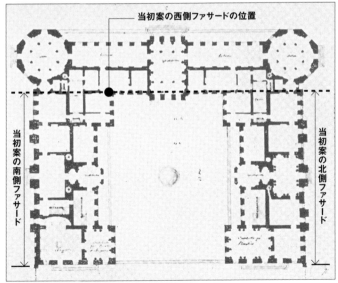

ル・ヴォーのコンペ案改訂案：1948年12月にアルフレッド・マリーがストックホルム国立博物館で発見した。ここでは上が西、右が北、左が南である。北側と南側のファサード1階部分は、1669年6月の時点で完成していた部分を再利用している。前庭に面した東側ファサードの位置が、従来案の庭園に面した西側ファサードの位置になっている。

新城館の諸広間のなかでも中心となるのは王と王妃の住まいの部分である。新城館の主要階（イタリア語でピアノ・ノービレという）は二階であり、王の住まいは北棟二階に設けられ、それと宮殿中央軸を挟んで対称形となるよう南棟二階に王妃の住まいが配された。この二棟を、一階建てで屋上がテラスになっている西棟がつなぐという構成である。

一六六九年六月八日の現場監督プティの報告によれば、新城館の北側ファサードと南側ファサード双方が正面であるかのように記述されており、新城館は北棟と南棟の二棟構成、つまり、双子の宮殿のようになっているとも解釈できる。

完成時、王の住まいは七室の広間から成っていた。東側から、用途指定なしの〈広間〉→近衛兵の詰める〈衛兵の間〉

新城館3階　手すり壁　戦利品装飾：アティックとはもともと、古代ローマの記念門において、その上部の銘板を刻むスペースのことだった。

新城館2階のイオニア式オーダー：パヴィリオンは4本のイオニア式円柱で装飾され、そのエンタブレチュアの上には寓意的な彫像がのっている。

新城館1階：1階には王太子夫妻のアパルトマンやルイ14世の御湯殿のアパルトマンなどが位置していた。御湯殿はルイ15世時代には愛人や娘たちのアパルトマンに改造された。

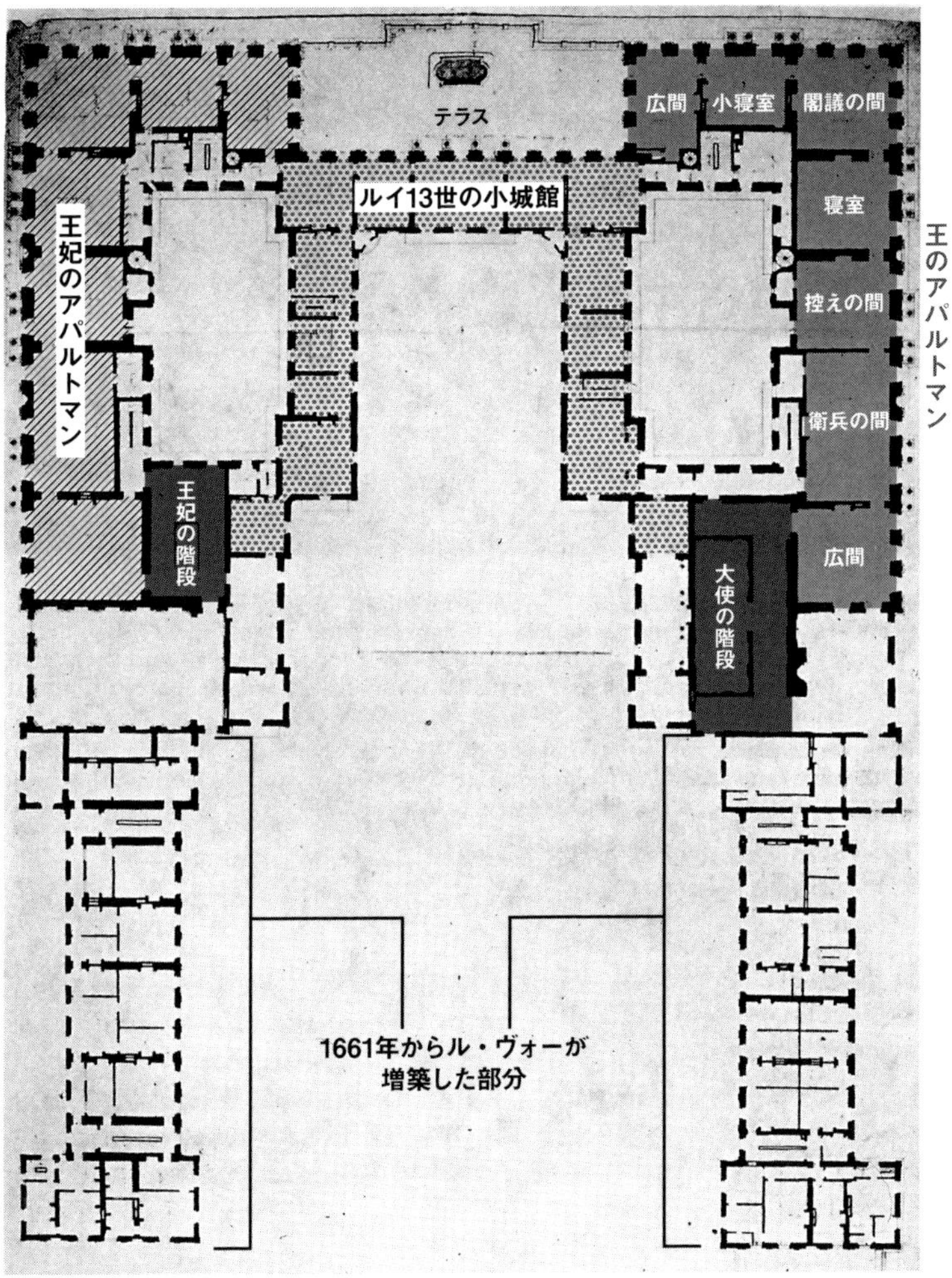

新城館竣工当時のヴェルサイユ宮殿中央部の2階平面図（上が西）：新城館の主要階（イタリア語でピアノ・ノービレ）は2階である。王のアパルトマンは北棟2階に設けられ、それと宮殿中央軸を挟んで対称形となるよう、南棟2階に王妃のアパルトマンが配された。この2棟を、1階建てで屋上がテラスになっている西棟がつなぐという構成である。テラス中央には泉水も設けられた。

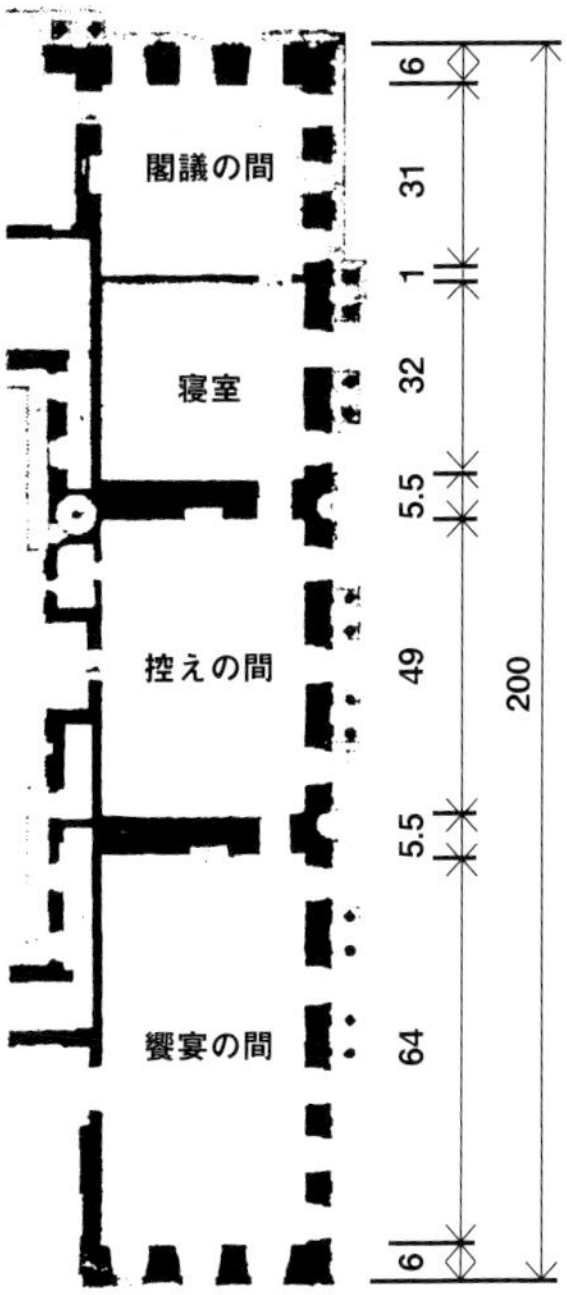

新城館の着工案復元案（2階平面図の一部）：コルベールによる「ヴェルサイユの建造物において陛下が望まれていることについての覚書」の最後の方に王のアパルトマンの各広間と壁体の東西方向の長さが記録されており、それらの値をもとに復元することができる。ジャン・クロード・ル・ギユー氏はそこから壮大な復元案を提示しているが、ここではコルベールの記述から各広間と壁体の東西方向の長さだけを確実な情報として取りあげ、残りは実現案通りと仮定して復元案を作成した。（単位はピエで、1ピエ＝324.8ミリメートル）

新城館の王の寝室の床：手の込んだ職人技の光る寄木細工である。

→貴族たちの詰める〈控えの間〉→王のいる〈寝室〉→会議をする〈閣議の間〉（ここでL字形に折れ曲る）→〈小寝室〉→〈広間〉というふうに並んでいて、最後の広間から直接西棟のテラスに通じていた。

これら王の住まいを構成する広間群をまとめて、当時の用語で〈王のアパルトマン〉という。〈アパルトマン〉とは、機能上、あるいは、その他のつながりをもつひと連なりの広間群のことである。南棟の王妃の住まいも同様に〈王妃のアパルトマン〉と呼ばれた。

　七室の広間の大きさは用途＝機能によってさまざまで、左右対称形の北棟と南棟のファサードの整ったありさまと比べるとギャップがある。実は、最初からそうだったわけではなく、新城館の計画にとりかかったときには別のもっと端正な間取り＝プランが考えられていた。すなわち、東側から、宴会をする〈饗宴の間〉↓〈控えの間〉↓〈寝室〉↓〈隅の広間〉のように並んだ、〈控えの間〉を中心としてほぼ左右対称形のプランである。

　このプランは左右対称の整った三部構成になっているとともに、ファサードとの関係づけもうまくいっていると評価されており、今のプランになったのは、王や建設総監コルベールの要求を受けて、建築家が妥協したからだといわれている。筆者は王のアパルトマン、および、王妃のアパルトマンの天井画の計画が大きな影響を与えているのではないかと考えており、これについてはのちの章でくわしく説明したい。

column

④ ルーヴル宮殿

城塞から王宮へ

　フランス王の王宮はもともとシテ島の西半分ほどにあった。現在は最高裁判所となっている部分である。ところが一五二七年、時のフランス王フランソワ一世が王宮をルーヴル城塞にうつすと決定し、以後、ルーヴルが王宮として整備されていった。

　宗教戦争による中断を経て、アンリ四世はその拡張を計画していたが、志《こころざし》半ばにして暗殺され、その遺志はルイ一三世に受けつがれた。そして、一六二五年頃から王の首席建築家ジャック・ルメルシエらの手により縦横両方向に長さが二倍に大拡張され、方形中庭（cour carré）の面積がほぼ四倍となった。

　ルイ一四世の時代に入っても関連工事は続けられ、一六六〇年代に至って東側のメイン・ファサードの構想を検討する段階に達した。現在のルーヴル美術館の正面は、イオ・ミン・ペイの設計したガラスのピラミッドのある西側だが、当時は西側は町屋がたてこんだ街区に面した裏口という位置づけであり、正面は東側だと考えられていた。

　最初に案を任されたのは、ルメルシエについで王の首席建築家に任じられていたルイ・ル・ヴォーだったが、彼の案は

ルーヴル宮殿東側正面ファサード：双子柱による列柱廊を実現するため、石材の中に鉄筋が入れられている。

王の建設総監ジャン・バティスト・コルベールに却下され、内外のさまざまな建築家に案を募ることとなった。コルベールの本命は、当時の巨匠建築家フランソワ・マンサールだったと思われる。しかし、彼は案を完成させることなく、その後一六六六年に世を去った。

　一六六五年にはローマの巨匠ジャン・ロレンツォ・ベルニーニを招聘し、彼の第三案で、着工というところまでこぎつけた。しかし、フランスの建築関係者たちの巻きかえしは強烈で、結局、前述のル・ヴォー、王の首席画家シャルル・ル・ブラン、医者でもあり科学技術全般にあかるかったクロード・ペローの三名からなる委員会が案を練ることになった。

教会バロックと王権バロック

　この事件はフランスが、カトリック改革によってあらたに巻きおこったカトリック信仰がかたちになった、ダイナミックで官能的なローマ・バロックの世界を明確に否定した象徴的な出来事だと考える。これ以降のフランス建築界は、王の権威を厳《おごそ》かに秩序だてて表現する独自のフランス・バロックの世界を確立していき、絶対王政を象徴する建造物として、ル・ヴォーらのルーヴル宮殿東側ファサードやヴェルサイユ宮殿新城館が建てられていく。

　このように、ルーヴル宮殿東側ファサードの事業は絶対王政下の建築の方向性をあきらかにしたものといえるが、王の興味はルーヴルではなくヴェルサイユに向いていた。財務総監として王国財政の責任者でもあったコルベールは、何世代にもわたって営々と築かれてきたルーヴル王宮の事業を放棄したくはなかったが、ヴェルサイユに対する王の熱意に負け、王の建設事業を統括する王の建設総監としてさまざまな提言をおこなっている。

　そしてついに、一六八二年五月六日に宮廷と政府の機能が、実質上、パリからヴェルサイユに移された。もっとも、ルイ一四世はフォンテーヌブロー城館などの城館もたいへん気に入っており、これ以降死ぬまでヴェルサイユにのみこもっていたわけではないのだが。

1664年５月におこなわれた『魔法の島の歓楽』のさまざまな場面。
❶太陽神アポロンの従者である四季の擬人像の登場（５月７日）。

❷１日目（５月７日）のトリを飾る饗宴。

第３章

大饗宴の日々

バロックの祝典文化

一六六四年の『魔法の島の歓楽』

新城館は一六七〇年に軀体《くたい》が完成したが、なおも一〇年ほど内装工事がつづいた。実に一六六一年以来、ヴェルサイユは二〇年以上も工事現場そのものだったのである。しかし、ヴェルサイユがもっとも輝いていたのは、建設途上にあったこの一六六〇〜七〇年代である。ある意味で、未完のヴェルサイユこそが真のヴェルサイユであったかもしれない。

この時期、広大な庭園に仮設建築がしつらえられて野外祝典が何度も催された。一六六四年の『魔法の島の歓楽』、一六六八年の『ヴェルサイユの王の大ディヴ

❸モリエールの『エリード姫』上演の様子（5月8日）。

❹3日目（5月9日）のアルシーヌの島の大爆発：アルシーヌ（アルチーナ）はルドヴィーコ・アリオストの叙事詩『狂乱せるオルランド』に登場する魔女。ロジェ（ルッジェーロ）をはじめとする勇敢な騎士たちを虜にし、自らの魔法の島に彼らを囲うが、ブラダマント（ブラダマンテ）姫らの活躍で彼らは救出され、アルシーヌの魔法の島は大爆発する。

エルティスマン』、一六七四年の『一六七四年のフランシュ＝コンテ征服からの還御《かんぎょ》の際に陛下が全宮廷に対して下賜されたヴェルサイユのディヴェルティスマン』の三つの祝典がとりわけ華やかだった。

一六六四年五月に『魔法の島の歓楽』が開催されたのはル・ヴォーによる第一次増築のあとであり、基本的にはルイ一三世の小さな狩の館のテイストを濃厚に残していた頃である。サンテニャン公爵が祝典の構成をプロデュースし、モリエールがコメディ＝バレ『エリード姫』を書き下ろして、五月七日から九日まで三日にわたり上演された。

祝典の大枠は一六世紀イタリアを代表する叙事詩、ルドヴィーコ・アリオスト作『狂乱せるオルランド』の魔女アルチーナの島のエピソードであり、アルチーナの魔法によって彼女の島にとらわれた騎士たちによる指輪取り競争や馬上槍試合、正義の魔女により騎士たちが救出されたあとの魔法の島の大爆発など、目と耳を幻惑する見せものがめじろおしだった。

『エリード姫』はこの大枠のなかで劇中劇としての役割を果たしていた。本筋の『魔法の島の歓楽』が終了したあともモリエールの喜劇などが単発的に上演され、人びとを楽しませた。

一六六八年の戦勝記念祝典

一六六八年五月二日にスペインとのあいだに結ばれたアーヘン講和条約による戦勝を記念しておこなわれた一六六八年七月一八日の祝典は一日かぎりのものだ

1668年７月18日の祝典でテーブルに飾られたパルナス（パルナッソス）山をかたどった菓子類のデコレイション：ル・ポートルによる銅版画。古代ギリシア神話でミューズ（ムーサイ）が住むというパルナス山をかたどっている。頂上には天馬ペガソスがいなないており、そのひと蹴りでイポクレーヌ（ヒッポクレネー）の泉が湧きでている場面を描写している。現在のフロールの泉水の位置にしつらえられた。

ったが、ルイ一三世の小さな狩の館を中心とするささやかな存在だった城館を埋めあわせるかのように、庭園内にル・ヴォーやヴィガラーニによる仮設劇場や仮設宴会場が建設され、ヴェルサイユ庭園の魅力をおおいに活かしたものとなった。

　なかでも軽食（collation）が供された際にテーブルの上に堂々と飾られたパルナス（パルナッソス）山をかたどった菓子類の山は圧巻であり、音楽の神アポロンを中心に学芸の女神ミューズ九神が居並び、天馬ペガソスの姿も再現されていた。

　この主題は、一六六〇年八月二六日に挙行されたルイ一四世と王妃マリー・テレーズのパリ入城式の機会に出現した仮設の凱旋門《がいせんもん》のひとつや、一六七四年に大量発注された大理石彫像群とともに、ヴェルサイユ城館西側ファサードの直前に据えられる予定だったが実現しなかった泉水装飾でも取りあげられたものである。

一六七四年の大祝典

　一六七四年の祝典は、ヴェルサイユで催されたもののなかでもっとも大規模なものだった。七月から八月の二か月間に

1668年の祝典の最後を飾るヴェルサイユ城館のイルミネイション：ル・ポートルによる銅版画。花火や蠟燭の光で、城館と庭園が夜の闇に幻想的に浮かび上がる。

六回、すなわち、七月四日、一一日、一九日、二八日、八月一八日、三一日に祝典がおこなわれた。これらの祝典の大きな特徴としては、最終回八月三一日を除いて、各回ごとに劇場作品の上演が組まれていたことである。

このときにはすでに亡き喜劇作家モリエール、フランス・オペラを確立した音楽家ジャン・バティスト・リュリ、イタリアからやってきた演出家カルロ・ヴィガラーニ、そして、悲劇作家ジャン・ラシーヌなど、フランスの各界を代表する大物たちが腕を競い、当時の主だった演劇ジャンルが一堂に会した。

まずは、すべての台詞《せりふ》を歌によって表現するオペラに分類されるリュリ作曲、フィリップ・キノー台本の悲劇『アルセスト』が、一日目の七月四日に、ルイ一三世の小城館がコの字形に囲む小さな前庭〈大理石の前庭〉で上演された。また、モリエールと音楽家、舞踏家の協力により、バレと喜劇の要素が共存するコメディ＝バレに属する『病は気から』が、テティスのグロットとその前の空間を利用して建設された仮設劇場で、三日目の七月一九日に上演された。

そして、八月一六日には、すべての台

1674年の祝典、1日目（7月4日）『アルセスト』の上演風景：夜間の上演であり、城館の軒などに蠟燭を並べて幻想的に照明している。オーケストラ・ピットは王の視界を遮らないように左右に二分されていて、ステレオ効果抜群だったと思われる。話の筋は、アルセスト姫とアドメート王子の愛の物語に、アルセストに恋する英雄エルキュール(ヘラクレス)の活躍をからませたものである。戦死したアドメートを生き返らせるために身代わりになって死んだアルセストを、エルキュールは地獄から救出し、妻に迎えようとする。しかし、アドメートとアルセストの感動的な別れのシーンを目にして、彼は身を引くことを決意する。

同、3日目（7月19日）『病は気から』の上演風景：舞台奥にテティスのグロットがみえる。仮設建築と既存の建築を巧みに融合させている。仮設舞台の両脇のニッチには、怪物ヒュドラを倒したエルキュール（ヘラクレス）と大蛇フィトン（ピュトン）を足下にしたアポロンの像がみられる。

同、4日目（7月28日）『愛神とバッキュスの祝典』：庭園の北端に近い竜の泉水付近に仮設劇場をしつらえて上演された。竜の泉水はアポロンによる大蛇フィトン（ピュトン）退治をあらわしているが、アポロン自身の姿は表現されていない。「音楽喜劇(Comédic en musique)」と銘うたれた『愛神とバッキュスの祝典(Les fêtes de l'Amour et de Bacchus)』は、リュリの最初のオペラ作品である。彼とすでにけんか別れしたモリエールがかつて手がけた「さまざまなバレの断章からなるパストラールで、その音楽はかつて彼(リュリ)が陛下のために作曲したもの」だったが、これをひとつの筋に統合したのはキノーの手腕によるところ大である。

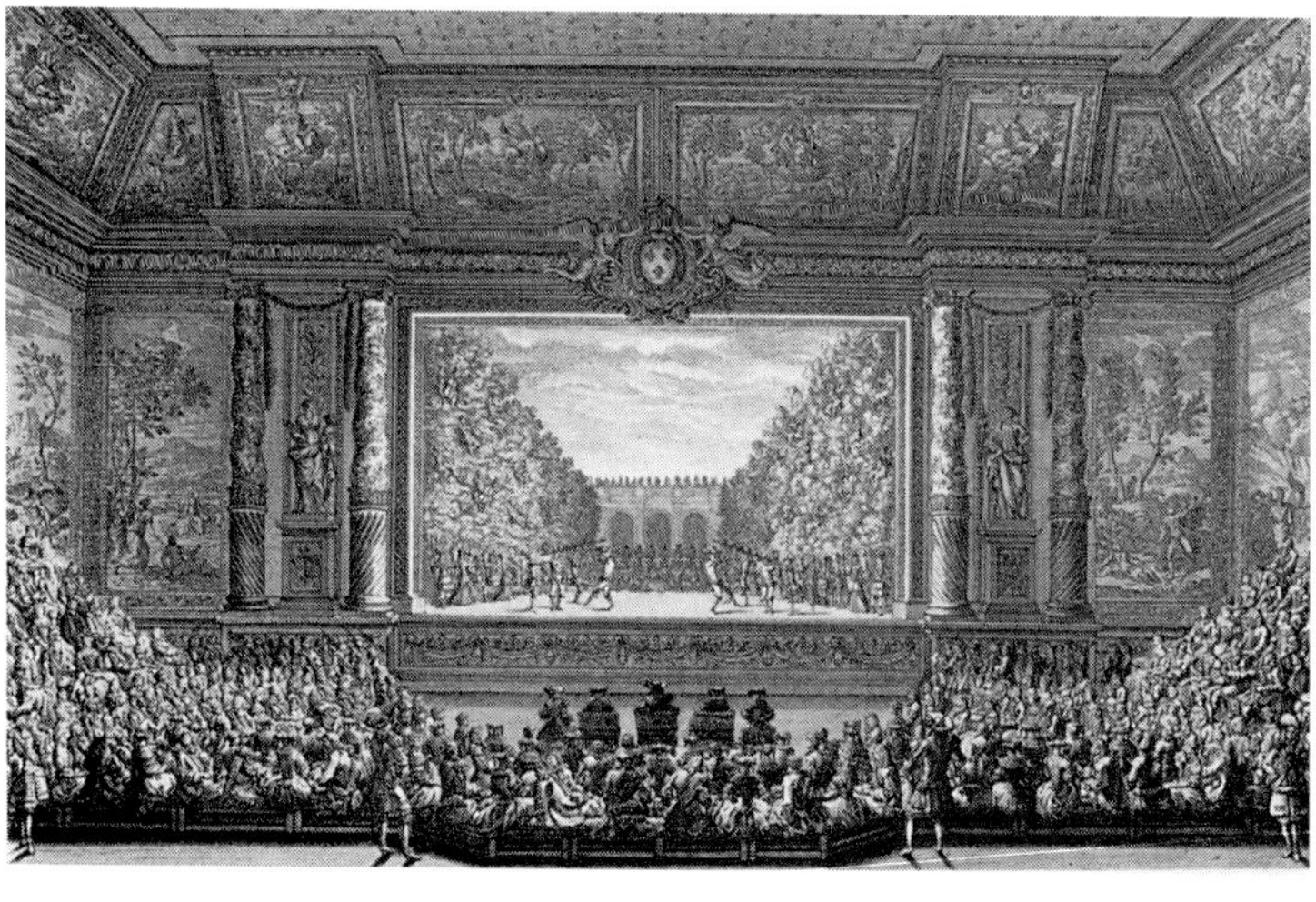

同、４日目　大理石の前庭での軽食：中央に古代ローマの記念柱をかたどった仮設建築が見え、蠟燭で幻想的に照明されている。

詞を語りによって演ずるいわゆる古典主義悲劇であるラシーヌ作の『イフィジェニー』が、オランジュリーを背景にして上演されたのである。

宮廷バレとコメディ＝バレ

一般の演劇史では一七世紀後半のフランスといえば古典主義悲劇の時代であり、ピエール・コルネイユやラシーヌがメイン・ストリームに属する作家だが、宮廷スペクタクルの世界では傍流にすぎない。

その理由のひとつは、古典主義悲劇が〈三単一の原理〉、すなわち、場所の一致、時の一致、筋の一致を遵守《じゅんしゅ》しなければならない点にある。〈場所の一致〉とは各幕ごとに単一の場面でなければならないということであり、各幕の途中での場面転換は禁じられている。〈時の一致〉とは全五幕からなる悲劇全体が日が昇ってから沈むまでのあいだに展開しなければならないということであり、〈筋の一致〉とは、庶民の登場人物による傍流の筋を混入させてはならないということである。

　とりわけ、観衆に驚異の念を起こさせる、目前で展開する一瞬の場面転換が禁じられているということはスペクタクルにとっては重大な欠点であり、これらを遵守するかぎり、「理の力によって精神を震わせ、情念の繊細さをもって心の琴《きん》線《せん》にふれる」ことはできても、「スペクタクルの輝かしさと多彩さで視覚を満足

「昇る太陽」を演ずる少年王ルイ14世：フロンドの乱が鎮圧されて間もない1653年３月に上演された『夜のバレ』で、14歳の少年王ルイ14世は「昇る太陽」を演じた。これはフロンドにくみした貴族たちをまわりに従えての演技であり、現実の世界における王と貴族たちの関係をあきらかにするものでもあった。

させる」ことはできないのである。

　宮廷スペクタクルの世界を席巻したのは、一六六〇年代末までは宮廷バレ（バレ・ドゥ・クール）であり、一六六〇年代初頭からはモリエールとリュリのコメディ＝バレもそこに加わる。当時のバレは、後世のチャイコフスキーのバレのように音楽にあわせて踊るだけのものではなく、合唱や独唱もあり、詩の朗唱もあるもっと複合的な演劇ジャンルだった。

　宮廷バレに登場する踊り手たちは原則として宮廷人たちであり、王も含めて宮廷内での地位や役割を反映した役をそれぞれが演じた。詩の朗唱はその役を説明するためのものである。

　たとえば、〈フロンドの乱〉が収束してまもない一六五三年三月に上演された『夜のバレ』第四幕では、少年王ルイ一四世が「昇る太陽」を演じた。これは王がはじめて踊り手として舞台に登場した瞬間でもあった。このとき、次のようなイザーク・ドゥ・バンスラード作の詩が曙《あけぼの》の女神の台詞として若き王に捧げられた。

モリエール：1622年１月15日生まれ。本名ジャン・バティスト・ポクラン。17世紀フランスの喜劇王である。1673年２月17日に死去。『病は気から』の上演中に舞台の上で亡くなったという伝説があるが、史実ではない。

> 星々は姿を消しましょう、
> この偉大な王が進み出ずれば。
> 夜の高貴なる光は、
> 彼の不在のうちに勝利しましたが、
> もはやその存在の前にあえて輝こうとはいたしません。
> これらのうつり気な火はすべて消えてしまうことでしょう、
> 私のあとにつづくのは太陽神、すなわち若きルイのことです。

　一方、コメディ＝バレは、モリエールの喜劇の幕間《まくあい》にバレの場面を配したものである。一六六一年八月一七日の例のヴォー＝ル＝ヴィコントで上演された『うるさがた』を嚆矢《こうし》とするジャンルである。音楽をつけたのは時の王の音楽監督リュリであり、彼自身もモリエールの喜劇に役者として登場することもあった。一六七〇年の『町人貴族』のトルコの偽ムフティ（トルコの高位聖職者）の役が有名である。

モリエールとリュリ

『病は気から』はこのコメディ＝バレの

代表として一六七四年の祝典の際に上演されたが、このときすでにモリエールは存命ではなかった。そればかりではない。実は『病は気から』に音楽をつけたのはリュリではなかった。一六七〇年以後、名コンビといってよかったモリエールとリュリが仲たがいしてしまったのである。代わって音楽をつけたのは若いマルカントワーヌ・シャルパンティエだった。

リュリがモリエールと袂《たもと》を分かったのには理由があった。ルイ一四世が四歳で即位して、イタリア出身の枢機卿マザランが政権の座について以降、イタリア・バロック芸術のひとつの結晶であるオペラという演劇ジャンルをフランスに定着させようという動きがあった。しかし、歌詞がイタリア語であったこともあって、すべての台詞を歌うというオペラのやり方はフランス人たちに受け入れられず、ジャコモ・トレッリの華やかな舞台装置と演出だけが評判をとるにとどまっていた。

ジャン・バティスト・リュリ：1632年11月28日、フィレンツェ近郊で生まれた。1643年にルイ14世の従姉妹のモンパンシエ女公のイタリア語会話の相手として、フランスに連れてこられた。やがて舞踏と音楽の才をあらわし、フランスに帰化。最終的には王の室内楽団音楽監督にまでのぼりつめる。1687年3月22日、パリで死去した。自作のテ・デウム（戦勝や王の病の快癒などの機会に奏される、神への感謝を捧げる讃歌）のリハーサル中に、指揮杖で自分の足をあやまって突いてできた傷がもとだったという。

この状況に変化が訪れたのは一六七〇年代初頭である。ピエール・ペランは歌詞がフランス語であれば受け入れられるのではないかと考え、彼の台本、ロベール・カンベール作曲のオペラ『ポモーヌ』を一六七一年三月三日に初演し、大成功をおさめた。

そこに目をつけたのがリュリであり、舞台装置に金がかかりすぎて首がまわらなくなっていたペランからオペラ上演の独占権を買い取ることに成功した。彼はオペラという形式にあらたな宮廷スペクタクルの未来をみたのである。この過程でなおバレの形式にこだわるモリエールと対立し、オペラ上演独占権のなかに劇場における音楽家の使用制限がもりこまれるにおよんで、同じく多くの音楽家を使うモリエールの劇団とついに決裂することになった。

フランス・オペラ誕生

このオペラの最新作として一六七四年の祝典で上演されたのが『アルセスト』である。演劇的充実度よりも、スター歌手の名人芸的歌に焦点をあてたものにな

表1　音楽悲劇の主題の変遷

初演年	台本作家	題	通称	主題源
1673	キノー	カドミュスとエルミオーヌ		古代神話
1674	キノー	アルセスト、またはアルシードの勝利		古代神話
1675	キノー	テゼ		古代神話
1676	キノー	アティス	王のオペラ	古代神話
1677	キノー	イジス	音楽家のオペラ	古代神話
1678	コルネイユ弟	プシシェ		古代神話
1679	コルネイユ弟	ベレロフォン		古代神話
1680	キノー	プロゼルピーヌ		古代神話
1682	キノー	ペルセ		古代神話
1683	キノー	ファエトン	観衆のオペラ	古代神話
1684	キノー	ゴールのアマディス		中世騎士道物語
1685	キノー	ロラン		中世騎士道物語
1686	キノー	アルミード	貴婦人のオペラ	中世騎士道物語
1687	カンピストロン	アシルとポリクセーヌ	(未完)	古代神話

りつつあった同時代のイタリア・オペラと比べると、彼のオペラは宮廷バレやコメディ＝バレ譲りの舞踏や合唱をふんだんに用いた複合的なものだった。三単一の原理は守られないものの、演劇としての充実度もないがしろにされていなかったのである。

また、イタリアの商業オペラよりも予算の制約がゆるいという条件下で、舞台装置もより充実したものが用意されていた。台本は、歌われる詩句を書くことに定評があり、合唱や舞踏の場面などのさまざまに異なる要素をひとつの筋に統合する才能に富んでいたフィリップ・キノーが担当した。リュリは古典主義演劇の朗唱法にも影響を受けて語るように歌うことを歌手たちに厳しく指導したといわれている。

このようなリュリの努力が実り、イタリアとは異なる独自のフランス・オペラが誕生した。そして、彼が一六八七年に没するまでほぼ一年に一作の割合でオペラが上演され、一六七〇年代から一六八〇年代半ばにかけてオペラがバレに代わって宮廷スペクタクルの主役となっていくのである。

仮設建築と恒久建築の調和

『アルセスト』は大理石の前庭を舞台に改造して夜間に上演された。前庭の左右に鉢植えのオレンジの木を並べ、軒端《のきば》に蠟燭《ろうそく》をびっしりと並べて照明するという、現存する建築物をうまく活用した上演だった。

しかし、建築物としてもっとも充実していたものは『病は気から』と『愛神とバッキュスの祝典』が上演された劇場である。どちらも仮設ながらヴィガラーニによる本格的なバロック劇場建築で、とりわけ、後者は舞台両脇に二本ずつ対になったねじり柱、それに二体の擬人像の彫像が飾られたイタリア・バロック的な官能的表現がみられる。

また、前者では舞台奥にはテティスのグロットの三箇所の扉がみられ、その奥にはグロット内に設置されたアポロンの水浴群像がアイストップとしての役割を果たしている。仮設建築と恒久建築が渾《こん》然《ぜん》一体となって、魅惑的な劇場空間をつくりあげていたのである。

これらの祝典は王の修史官アンドレ・フェリビアンの筆とイスラエル・シルヴェストルらの銅版画師たちの手によって公式記録にまとめられ、欧州中に、そしてのちの世に向けて祝典の華々しさとそれを主催したルイ一四世の偉大さの記憶を発信した。

第4章

天井画の神々

太陽神アポロンと七惑星

シャルルル・ル・ブラン：1619年2月24日、パリで生まれた。王の首席画家（1664年に任命）として、また、王立絵画・彫刻アカデミー総裁として、ルイ14世の治世前半の芸術活動を主導した。1690年2月12日、パリ・ゴブランで亡くなっている。

王の栄光を語り伝えるもの

ヴェルサイユで催された大祝典は、公式記録によってその華やかさが欧州各国、そして後世に伝えられたが、本質的にはつかのまの存在にすぎない。マルカントワーヌ・シャルパンティエの音楽牧歌劇『花咲ける芸術』のなかで「建築」はつぎのように歌っている。

精妙《せいみょう》なる「絵画」と力を合わせて、
彼の武勲《ぶくん》が時を越えて輝くようにつとめましょう。
空虚な荒野では、そこでは不毛なる「自然」が
彼女（「絵画」）にできることを力弱き営みに変えてしまいますが、
彼女のために私は宮殿を建てましょう、
その高貴な構造物は
彼女の最高に豊かな様相をくりひろげ、
無敵の障壁《しょうへき》によって彼女を守っているのだと誇ることでしょう。

王の栄光を後世に伝えていくのは、つかのまの仮設建築でくりひろげられるつかのまの時間芸術ではなく、石でできた

恒久的な建築物であり、それによって守られた絵画や彫刻だというわけである。

一六七〇年に新城館の本体が完成したのち一〇年にもわたってつづけられた内装工事では、王の徳を後世に伝えるべく王の首席画家ル・ブランとそのチームが絵筆を揮《ふる》っていた。この内装事業のなかでも中心となったのは、王のアパルトマンと王妃のアパルトマンの天井画であり、そこに描かれたのは七惑星の主題だった。

ヴェルサイユの天井画に先鞭をつけたパラッツォ・ピッティのジョーヴェの間の天井画(1642〜43/44)：ジョーヴェ(ユピテル)から「公正」などの美徳を授かるメディチ家の君主という主題である。メディチ家の君主はエルコレ(ヘラクレス)に導かれている。

表２　王のアパルトマンの七惑星主題

広間名(機能)	広間名(七惑星)	惑星名	ギリシア語神名	ラテン語神名	司る領域
広間	ディアーヌの間	月	アルテミス	ディアーナ	狩猟と航海
衛兵の間	マルスの間	火星	アレス	マルス	戦争
控えの間	メルキュールの間	水星	ヘルメス	メルクリウス	科学と技芸
寝室	アポロンの間	太陽	アポッロン	アポッロ	「寛大」と「壮麗」
閣議の間	ジュピテールの間	木星	ゼウス	ユピテル	「憐情」と「公正」
小寝室	サテュルヌの間	土星	クロノス	サトゥルヌス	「賢明」と「秘密」
広間	ヴェニュスの間	金星	アフロディテ	ウェヌス	愛と美

パラッツォ・ピッティの天井画

七惑星とは天動説的宇宙観において地球のまわりを回っていると考えられていた七個の天体のことで、地球から近い順に、月、水星、金星、太陽、火星、木星、土星というふうに並んでいた。そして、月はディアーナ、水星はメルクリウス、金星はウェヌス、太陽はアポッロ、火星はマルス、木星はユピテル、土星はサトゥルヌスの星といわれており、それぞれの惑星はこれらの神の姿によって表現されることが多かった。

　この点でヴェルサイユの先鞭《せんべん》をつけたのはフィレンツェのパラッツォ・ピッティのピエトロ・ベッレッティーニ・ダ・コルトーナ（1596〜1669）によるフレスコ天井画だった。宮殿本体の方は一六世紀の後期ルネサンス時代、すなわちマニエリスム時代にバルトロメオ・アンマナーティ（1511〜92）の設計で建設・拡張されたものだが、主棟の主要階である二階の北側、町に面した一連の主要広間群は一六四〇年代に内装工事がおこなわれた。ピエトロ・ダ・コルトーナは、各惑星を象徴する神々が、エルコレ（ヘラクレス）に導かれたメディチ家の君主に、それぞれの宰領する美徳を授けるというストーリーを描いた。完成したのは〈ヴェーネレ（ウェヌス）の間〉〈アポッロの間〉〈マルテ（マルス）の間〉〈ジョーヴェ（ユピテル）の間〉〈サトゥルノ（サトゥルヌス）の間〉の五室で、入口側から天動説の宇宙観に則った上記の順番で並んでいる。

ル・ブランは一六四二年から三年間ローマに留学しており、帰国途上のフィレンツェでパラッツォ・ピッティの内装事業を目のあたりにしたといわれている。古代神話の神々がそれぞれの管轄する美徳を授けるというピエトロ・ダ・コルトーナのアイデアは、ル・ブランによってすでにヴォー＝ル＝ヴィコント城館の王の寝室で用いられていたが、ヴェルサイユではパラッツォ・ピッティと同様に各広間ごとに各惑星を象徴する神々が一柱ずつ配されて、より大きな規模で実現している。

アポロンの間の天井画中央：４頭立ての馬車を駆る太陽神アポロン。四季を象徴する４柱の神々、フロール（フローラ）、セレス（ケレス）、バッキュス（バックス）、サテュルヌ（サトゥルヌス）が彼を囲んでいる。「フランス」、「寛大」と「壮麗」が戦車のすぐかたわらにいる。

王は太陽

パラッツォ・ピッティの七惑星の広間群は天動説の宇宙観に則った順番で並べられたが、ヴェルサイユでは、当初、ディアーヌの間、マルスの間、メルキュールの間、アポロンの間、ジュピテールの間、サテュルヌの間、ヴェニュスの間、すなわち、月、火星、水星、太陽、木星、土星、金星と並んでいて、天動説の順番になっていない（一六七〇年代末に、木星、土星は廃され、金星、月、火星、水星、太陽の順番となった）。

コペルニクスやガリレオ・ガリレイ以来数十年、フランスはいまだ公式には地動説を認めていなかった。イタリア出身のジョヴァンニ・ドメニコ・カッシーニを長に戴《いただ》く王立天文台が地動説を公式に認定したのは一六九三年のことだった。

だが、宮廷スペクタクルの世界では地動説を前提とした表現もみられた。一六七〇年に上演されたモリエールとリュリのコメディ＝バレ『気前のよい恋人たち』の、ピュティア競技を舞台とする第六アンテルメードで、当初、王が踊る予定だったアポロンを讃えるつぎのような詩句

かつてジュピテールの間にあった天井画の中央部分：ジュピテールは自らの聖鳥である鷲がひく凱旋車に乗っている。かたわらには「公正」と「憐情」を表す寓意的人物がいる。木星を支配星とする人馬宮と双魚宮もみられる（上図の外側下）。

ディアーヌの間の天井画中央：満月をバックに鹿のひく凱旋車に乗った女神がディアーヌである。弓を手にして額に小さな三日月を戴いている。ここでは狩と航海を司る女神として広間に君臨している。

実現されなかったサテュルヌの間の天井画案（ノエル・コワペルの案）：2頭の有翼の竜に引かれた凱旋車に乗ったサテュルヌ（サトゥルヌス）が、「賢明」と「秘密」を擬人化した女性にともなわれている。当時、土星にはふたつの衛星が認められており、これはそれぞれふたりずつの女性と子供の姿であらわされている。

マルスの間の天井画中央：勇ましくも狼のひく凱旋車に乗っている戦争の神マルス。火星を支配星とする蠍座が右の方にみられる（上図の外側右）。時の神サテュルヌから大鎌を奪いとっている戦争の精たちがみられ、英雄の武勲は時間を超越するのだということを表現している。

ヴェニュスの間の天井画中央：鳩のひく凱旋車に乗り、三美神に加冠されている。恋の虜となった、マルス、ヴュルカン（ウルカヌス）、バッキュス（バックス）、ネプテューヌ（ネプトゥヌス）、そしてジュピテール（ユピテル）が彼女たちの下にみえる（上図の外側下）。

メルキュールの間の天井画中央：雄鶏のひく凱旋車に乗るメルキュール。ローマ神話のメルクリウスはギリシア神話のヘルメスにあたり、翼の生えたヘルメットやサンダル、カドゥケウスと呼ばれる蛇の絡まった杖を携えているのが特徴である。

マルスの間の天井画全景：マルスを描いた中央の天井画の両脇には、「狂乱」と「憤怒」をともなった「恐慌」が描かれた絵画と、エルキュール（ヘラクレス）に支えられた「勝利」が描かれた絵画がみられる。６枚の金色のカメオ画が周囲に配されている。

マルスの間の戦利品装飾　スペイン王国とオランダ共和国に対する勝利を象徴：ハプスブルク家のスペインとオランダに対する勝利が、倒された２頭のライオンによって表現されている。そのほか、双頭の鷲をあしらった軍旗と三日月をあしらった軍旗がみえる戦利品装飾は、それぞれハプスブルク朝神聖ローマ帝国、オスマン帝国に対する勝利をあらわしている。

マルスの間の戦利品装飾　海上における勝利を象徴：天井の四隅には戦利品装飾（トロフェ）がみられる。この部分には戦列艦と大砲がみえ、海上における勝利が表現されている。

があった。
私は光明の源。
最も誉れある天体も、

私のまわりに美しい軌道を描いており、
その輝きと尊厳も、
彼らを照らす私の光だけによっている
のだ。

ここにはまさに太陽のまわりを惑星が公転しているという地動説のイメージが投影されている。太陽はルイ一四世であり、公転する惑星は宮廷貴族たちである。このコメディ＝バレの第一アンテルメードと第六アンテルメードは、プロの舞踏家ではなく王や貴族たちが現実の宮廷世界を反映した役を演じ踊るという宮廷バレの性格をもった部分である。

では、ヴェルサイユの七惑星の順番は地動説の世界観を表現したものといえるのだろうか。月、火星、水星、太陽、木星、土星、金星という並びをみると、太陽が七惑星の真ん中を占めている。これを、太陽を中心とした地動説における太陽系の姿をあらわしたものと解釈することもできるかもしれない。

アポロンの間の天井画全景：太陽神アポロンが描かれた天井画を中心として、四隅には四大陸の寓意像が描かれ、全地をあまねく照らす太陽神のイメージが表現されている。

鏡の間の天井画にあしらわれた「衆に敵するにたれり」の紋章：地球を下にした太陽。この銘句はヴェルサイユ宮殿やルーヴル宮殿などの内装にも太陽の紋章とともによく用いられた。（訳は、メチヴィエ、ユベール：『ルイ十四世』、文庫クセジュ 191、前川貞次郎訳、白水社、東京、1955年、p.76に示されたものを用いた）

天動説か地動説か

一方、太陽、水星、金星、月、火星、木星、土星というふうな順番こそが地動説的宇宙観を反映したものという考えもある。だが、そもそもは「七惑星」のなかに太陽や月が含まれていることそのものが地動説の宇宙観とは矛盾するはずである。

つまり、ヴェルサイユの七惑星の順番

については確実な根拠を示すことはできないし、天動説にしろ地動説にしろ、ある特定の宇宙観のみに則っているわけではないと思われる。

実はヴェルサイユの七惑星の配列には、パラッツォ・ピッティにはみられない新機軸が認められる。それは広間の機能と七惑星主題とのかかわりである。

もっともわかりやすい例としては、火星を象徴するマルスが〈衛兵の間〉に描かれたことがあげられる。マルスは戦争の神であり、この広間には戦利品装飾や武具をあしらった装飾が多数みられる。それゆえ、兵士が詰める衛兵の間にふさわしい主題といえる。また、〈ヴェニュスの間〉が、〈王妃のアパルトマン〉へと抜けるテラスに面しているのも、愛を司るこの女神にふさわしい立地である。

そして、宮殿の心臓部である王の〈寝室〉の天井画に太陽神アポロンが描かれているのは必然中の必然である。なぜなら、一六五三年の『夜のバレ』の上演以来、ルイ一四世は太陽神アポロンの姿に託して自らの権威を表現してきたからである。

一六六二年には自身の紋章として地球を下にした太陽を「衆に敵するにたれり」(nec pluribus impar)の銘句とともに採用し、それがいかに自らを象徴するにふさわしいのかを王太子のために執筆した覚書のなかで熱く語っていたものである。「太陽王(Roi Soleil)」とは後世の呼び名だが、治世前半の彼のありようをこれほど巧みにいいあらわした呼称もない。

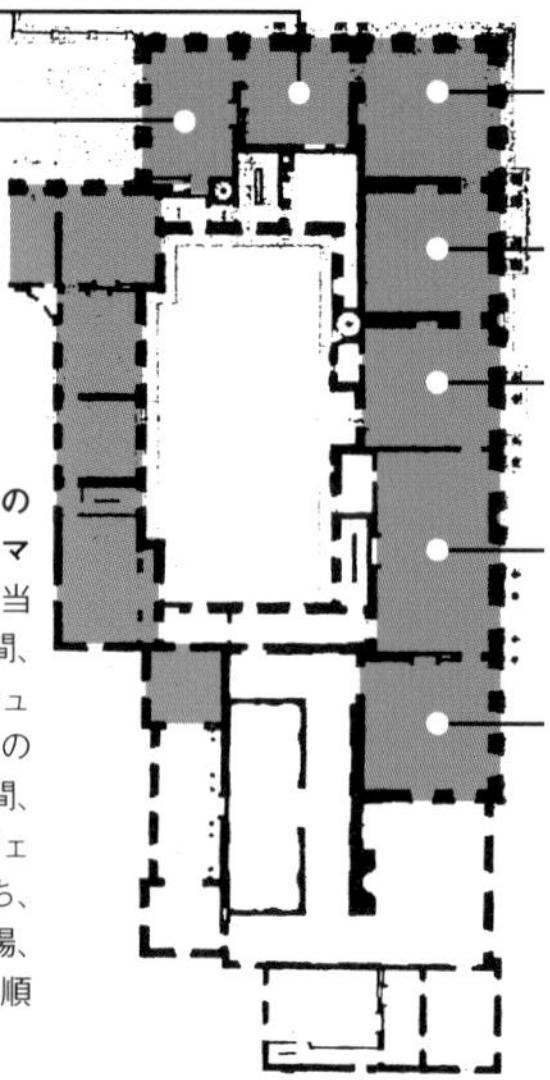

新城館の２階平面図の一部　王のアパルトマンの部分(上が西):当初、ディアーヌの間、マルスの間、メルキュールの間、アポロンの間、ジュピテールの間、サテュルヌの間、ヴェニュスの間、すなわち、月、火星、水星、太陽、木星、土星、金星の順で並んでいた。

広間の機能と七惑星主題

この点を考えると、筆者としては太陽を中心とした太陽系のイメージが、ある程度はヴェルサイユの七惑星の配列に影響を与えているのではないかとみる。たしかに「七惑星」という枠組み自体は天動説の宇宙観に由来するものだが、宮殿の心臓部である寝室を七室の広間の中央に配して、そこに太陽神アポロンを描くというやり方は、地動説の宇宙観を、不徹底ではあるが反映していると考えても悪くないように思う。

そして、それが不徹底なのは広間の機能と神々の性格を、やはり不徹底ではあるがすりあわせようとする新機軸によるものと思われる。つまり、ヴェルサイユの七惑星の配列は、天動説と地動説の狭《はざ》間《ま》で、あるいはある特定の宇宙観を反映させるのか、広間の機能とシンクロさせるのか、というふたつの態度の狭間で折衷的なものとなったのではないだろうか。

いずれにせよ、〈王のアパルトマン〉と〈王妃のアパルトマン〉の各広間の天井画に七惑星主題を採用したことが、宮殿の平面計画(間取り)に大きな影響を与えたと考えられる。

すでに述べたように、ル・ヴォーが当初考えていた平面計画は、北棟と南棟のそれぞれの中央に控えの間を置き、その東側に大きな饗宴の間、西側に寝室と広間（おそらく閣議の間）を配した、それぞれほぼ左右対称といってよいものだったが、実施案では左右非対称のファサードとは関係性の薄い左右非対称な平面計画となった。

その変更理由として、王やコルベールの側からの要望があったことがあげられているが、その具体的な中身として、筆者は各アパルトマンの天井画の構想が大きな鍵を握っているのではないかと考えている。

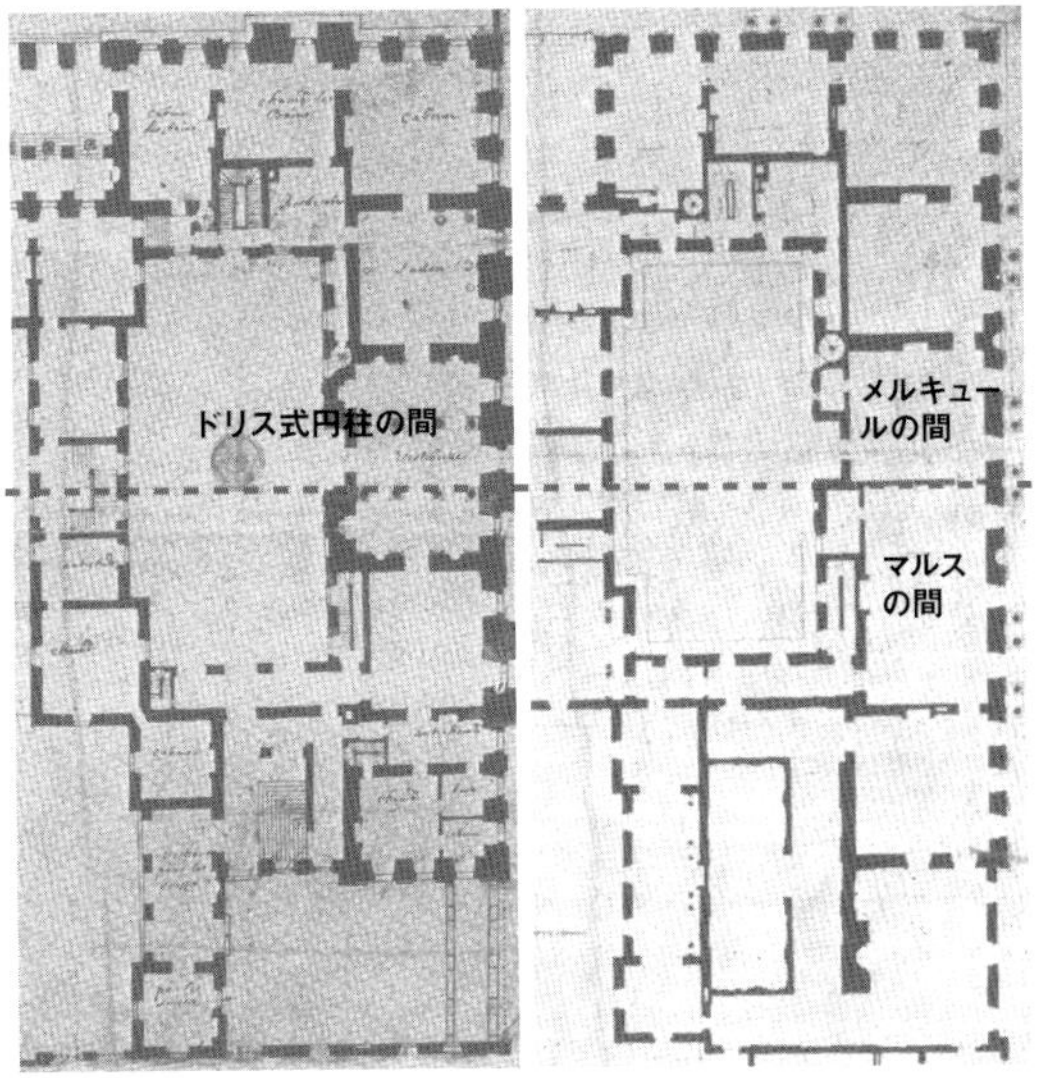

新城館の１階平面図（左）と２階平面図（右）の比較（ともに上が西）：衛兵の間と控えの間のあいだの壁を西側にずらしたことにより、この壁の真下に構造壁がないという事態に陥った。この構造的欠陥を埋めあわせるために、２階の衛兵の間と控えの間のあいだの壁体の真下に、列柱を設けて補強したのではないかと思われる。マルスの間とメルキュールの間のあいだの壁と１階のドリス式円柱の間の列柱の位置に注目。

構造的欠陥を克服

まず七惑星主題を採用するからには、各アパルトマンを構成する広間の数は七室でなければならないのは当然である。しかし、ル・ヴォーの当初案と考えられているものでは、広間数は六室しか確保されない。七惑星主題を実行するためには、広間を一室増やさなければならないのである。単純に考えると、大きな〈饗宴の間〉を二分すればよいはずである。だが、ここに広間の機能の問題が立ちはだかる。

当時の王族のアパルトマンは、〈衛兵の間〉〈控えの間〉〈寝室〉という三室から

column

❺

戦利品装飾

戦利品装飾とは、多数の武具や軍旗などを戦利品として活花《いけばな》のように「活けた」装飾のことである。フランス語でトロフェ（trophée）、英語ではトロフィー（trophee）という。ただ、狩のラッパや猟銃などの狩にかかわりのあるものや、ヴァイオリンやハープなどの楽器を組み合わせたトロフェもあり、これらを戦利品装飾と訳すことには微妙な面もある。しかし、もともとは戦利品を組み合わせたものが元祖なので、やはり、本書では一律に戦利品装飾という訳語を採用する。

マルスの間		**浅浮彫状の絵画**
	オードラン作	●軍団を閲兵するカエサル
	ジューヴネ作	●軍団に対して演説するキュロス
	オードラン作	●都市を攻略するデメトリオス
	ウーアス作	●コンスタンティヌスの勝利
	ウーアス作	●一将校を降任するセウェルス・アレクサンデル
	ジューヴネ作	●アルビヌスを執政官に任命するマルクス・アントニウス
		四隅の戦利品装飾→ルイ14世の偉業と関連
		●仏に対する帝国、スペイン、オランダの同盟を想起させる戦利品装飾×2
		●全インドに確立された通商を想起させる海戦の戦利品装飾
		●サン・ゴタールの勝利を記念した、トルコの武器による戦利品装飾
メルキュールの間	シャンペーニュ作	●インド人たちの使節団を迎えるアレクサンドロス
		●学者たちと対話するプトレマイオス
		●インド人たちの使節団を迎えるアウグストゥス
		●全世界から動物たちを運ばせるアレクサンドロス、アリストテレスがそれらを記述するために
		天井四隅のカメオ状の絵画→ルイ14世の美徳と関連
		●身体の敏捷さ　●諸芸術への通暁　●王の正義　●王の権威
アポロンの間	ブランシャール作	●ローマの攻囲陣を解くコリオラヌス
		●コロッセウムを建設させるウェスパシアヌス
	ラ・フォス作	●ミュケナイの港を築港するアウグストゥス
	ブランシャール作	●アレクサンドロスの前に引き出されるポロス
		天井の四隅：「四大陸」の寓意→アポロンと関連
ジュピテールの間	コワペル作	●ソロン、アテナイにて法律を公開討論
		●請願書や嘆願書を受け取る皇帝トラヤヌス
		●ローマで小麦を配給させる皇帝セウェルス・アレクサンデル
		●七十賢人の話に耳を傾ける愛姉王プトレマイオス
		壁面に掛けてある絵画→ジュピテールと関連
		●サテュルヌスとレーの息子ジュピテールの誕生
		●イダ山でジュピテールに対し乙女たちによって捧げられた犠牲《いけにえ》
サテュルヌの間		●自分の書斎で歳入を検討し共和政ローマの歳出を定めるのに自ら精進するアウグストゥス
ヴェニュスの間	ウーアス作	●大競技場の遊戯を宰領するアウグストゥス
		●ネブカドネザルとセミラミス、バビュロンの空中庭園を建設
		●アレクサンドロス、ロクサネを妻に迎える
		●キュロス、ひとりの姫を救うために武装する
	ルソー作	**壁面のトロンプ・ルイユ**：メレアグルとアタラント→愛

なるユニットは最低限含んでいなければならなかった。これをル・ヴォーの当初案といわれるものにあてはめると、饗宴の間を衛兵の間とすればよいことになるが、これだと広間数は六室のままである。

しかし、ここを二分して広間数を七室とすると、衛兵の間がかなり狭くなり、通常、七〇名程度は衛兵が詰めなければならない衛兵の間としての機能を果たせなくなる。

そこで建築家が考えたのが、饗宴の間の部分をほぼ二等分して西側の部分を衛兵の間としたうえで、控えの間とのあいだの壁を西側にずらして控えの間の面積を縮小するという苦肉の策である。これなら広間数が七室確保されるうえに、衛兵の間の面積もその機能を果たすのに十分なものとなる。

ただ、この手はつぎのふたつの点を犠牲にすることとなった。ひとつは、すでに述べたように左右対称のファサードと内部の平面計画の関連性が薄くなったことである。もっとも、二〇世紀の現代建築運動以来の現代の建築についての考え方からすれば重大な問題だが、バロックの美学にてらしあわせれば、これは決して欠陥とはいえない。問題はもうひとつ

表３　王のアパルトマンの中央天井画の主題一覧

広間 **ディアーヌの間**	ブランシャール作	●「夜の時」たちと「早朝の時」たちをともなったディアーヌ、狩と航海を司る
衛兵の間 **マルスの間**	オードラン作	●狼にひかれている戦車に乗ったマルス、戦争の精たちと、「名声」の口述するところを書きとっている「歴史」にともなわれている
	ジューヴネ作	●エルキュールによって支えられた「勝利」、「豊饒」と「至福」に従われている
	ウーアス作	●「恐怖」と「震撼」を駆り立てる「恐慌」、「狂乱」と「憤怒」
控えの間 **メルキュールの間**	シャンペーニュ作	●「明けの明星」、「技芸」たちと「科学」たちをともない、その戦車に乗ったメルキュール
寝室 **アポロンの間**	ラ・フォス作	●「フランス」の擬人像と付人たる「四季」にともなわれ、その戦車に乗ったアポロン（スタッコのミューズたちに支えられている）
閣議の間 **ジュピテールの間**	コワペル作	●２羽の鷲がひく戦車に乗ったジュピテール、四衛星（子供）、木星（女性）、六愛神、人馬宮と双魚宮、「公正」と「憐情」、「不敬」
小寝室 **サテュルヌの間**	コワペル案	●２頭の翼竜にひかれている戦車に乗ったサテュルヌが、「賢明」と「秘密」を示す幾人かの女性にともなわれている
小広間 **ヴェニュスの間**	ウーアス作	●神々や力ある者たちをその帝国の支配下におくヴェニュス ●ヨーロッパとアンフィトリートの誘拐（横の円形絵画×２） ●テゼとアリアーヌ ●ジャゾンとメデ ●アントニウスとクレオパトラ ●ティトゥスとベレニケ ●アポロンとダフネ ●パンとシランクス ●「四大元素」を象徴する四大誘拐

王のアパルトマンの中央天井画周囲の絵画主題一覧

ディアーヌの間	ラ・フォス作	●ジャゾンとアルゴー船の冒険者たち ●獅子を狩るアレクサンドロス
	オードラン作	●猪を狩るキュロス ●カルタゴへローマ人植民団を送り出すユリウス・カエサル
		出入口の上の浅浮彫状の絵画→ディアーヌと関連 ●ディアーヌとアクテオン ●アレテューズを保護するディアーヌ ●ディアーヌへの燔祭 ●花々の奉献 **その他、壁面にかけてある絵画→ディアーヌと関連**
	ラ・フォス作	●イフィジェニーの犠牲
	ブランシャール作	●ディアーヌとアンディミオン

の方である。

実は衛兵の間と控えの間のあいだの壁を西側にずらしたことにより、この壁の真下に構造壁がないという事態に陥っていた。ヨーロッパの建築に一般的な組《そ》積《せき》造《ぞう》という構法（建物の建て方）は本質的に壁構造であり、上階の壁体《へきたい》はかならず下階の壁体によって支えられていなければならないのである。この構造的欠陥を埋めあわせるために、二階の衛兵の間と控えの間のあいだの壁体の真下に列柱を設けて、補強したのではないかと筆者は考えている。

しかし、一階の広間（ドリス式円柱の間と呼ばれた）の空間に構造柱が並ぶというのはなんともじゃまっけである。そこでこれらの構造柱をドリス式として広間の装飾に仕立てあげ、広間の中央軸を挟んだ反対側にもドリス式列柱を配することで、広間の空間の左右対称性を保つという工夫をしているのではないだろうか。

七つの美徳と古代神話・古代史の世界

逆に考えると、このような構造上の冒険をしてまで、衛兵の間の機能を満たし

アポロンの間の天井画隅部に描かれた「ヨーロッパ」：冠をかぶり、右手に剣を構えた女性の姿で表現されている。右側に馬の姿がみえる。チェーザレ・リーパの『イコノロジア』（81頁参照）の記述に則りながらも盲従はしていない。

同「アジア」：右手に豊穣の角を携え、左手にターバンを掲げもっている。リーパの表現からはかなり自由に構想されているように思われる。

同「アフリカ」：豊穣の角を両腕で抱えているところはリーパの影響がうかがえるが、左側にいる動物はリーパが指定したライオンではなく象である。

同「アメリカ」：インディアンの羽根飾りをかぶり、弓矢を手にしている女性の姿で表現されている。右下に鰐がいることも含めて、ここでは一転してリーパにかなり忠実である。

つつ七惑星主題の成立を図ったということなのであり、宮殿設計にとって天井画などの図像計画がいかに重要であったかということがわかるだろう。

　では、そこまでして成立させた七惑星主題によって表現したかったこととはなんなのだろうか。それは王のさまざまな美徳である。古代神話の神々がそれぞれの管轄する美徳を君主に授けるというアイデアは、パラッツォ・ピッティやヴォー＝ル＝ヴィコント城館から受けついだものである。

　すなわち、〈ディアーヌ〉は航海と狩についての徳、〈マルス〉は戦争における勇気や武勲《ぶくん》、〈メルキュール〉は学芸・科学を振興する徳、〈アポロン〉は寛大さと壮大な建設事業に打ち込む徳、〈ジュピテール〉は公正と憐憫、〈サテュルヌ〉は賢明さと秘密を守る徳、〈ヴェニュス〉は愛である。

　そして、このコンセプトをより明確にするために、各神が描かれた中央の天井画の四方、天井周辺の湾曲した部分に、

ミュケナイの港を築港するアウグストゥス帝（ラ・フォス作）：アウグストゥス帝はローマ帝国初代皇帝とみなされている人物。ガイウス・ユリウス・カエサル・オクタウィアヌス・アウグストゥスのこと。紀元前63年生まれで、紀元前27年には事実上の帝位「尊厳者（アウグストゥス）」の称号を得、紀元後14年に没した。古代ローマの栄光をもっとも象徴する人物として、王のアパルトマンの天井画でも数多くその事績が描かれている。

アレクサンドロス大王の前に引き出されるポロス王（ブランシャール作）：ポロスは現在のパンジャブ地方を治めていたインドの王。紀元前326年にアレクサンドロス大王のインダス渡河に抵抗したが敗れ、彼と同盟した。ポロスはギリシア語名で、現地語ではパウラーヴァ（Paurava）という。この出来事はプルタルコスのアレクサンドロス伝の第60節で語られている。

コロッセウムを建設させるウェスパシアヌス帝（ブランシャール作）：ティトゥス・フラウィウス・ウェスパシアヌスは9年に生まれ、79年に没したフラウィウス朝初代の皇帝。在位は69年から79年まで。ガルバ、オト、ウィテッリウスと続いた皇帝たちの短い支配のあと、ネロ帝暗殺後の混乱を収め、建設事業にも熱心だった。コロッセウムは息子のティトゥス帝の時代に入って80年に竣工した。

ローマの攻囲陣を解くコリオラヌス将軍（ブランシャール作）：プルタルコスによると、グネイウス・マルキウス・コリオラヌスは紀元前488年頃のローマの将軍。ウォルスキ人たちを打ち破ったが、ローマを追われ、今度はウォルスキ人たちを率いてローマを攻囲した。母と妻の嘆願をいれて攻囲を解いたあと、ウォルスキ人たちが裏切りの代償として彼を殺したという。コリオラヌスの名はウォルスキ人たちの町コリオリを落としたことに由来する。

それぞれの美徳に関係のある古代神話や古代史のエピソードが描かれた。また、天井四隅にも関連する装飾や絵画が描かれている。

たとえば、〈アポロンの間〉では天井四隅に四大陸の擬人像群を配することによって、全地を照らす太陽の主題を表現している。また、天井四辺には、アレクサンドロス大王の前に引き出されるポロス王、ローマの攻囲陣を解くコリオラヌス将軍、ミュケナイの港を築港するアウグストゥス帝、コロッセウムを建設させるウェスパシアヌス帝という主題が描かれており、前二者は寛大さ、後二者は壮大さを表現している。中心となる天井画の四方に描かれた古代神話や古代史の英雄たちは、さまざまな美徳をもたらす天上の神々と現世に存するルイ一四世のあいだの媒介となっているのである。

このように、新城館の〈王のアパルトマン〉と〈王妃のアパルトマン〉において太陽神アポロンを中心とした古代神話の世界が大々的に展開され、つかのまのスペクタクルの舞台上で表現されていたルイ一四世＝太陽神アポロンという概念が恒久化されて、後世に太陽王のイメージを伝えつづけている。

第5章

ル・ノートルの大庭園

太陽の軌道

アンドレ・ル・ノートル：1613年3月12日、パリで生まれた。「王の庭師、庭師の王」と呼ばれた当代一の造園家で、フランスのみならず国外でも活躍し、フランス式庭園をヨーロッパ中に広めた。1700年9月15日に没した。

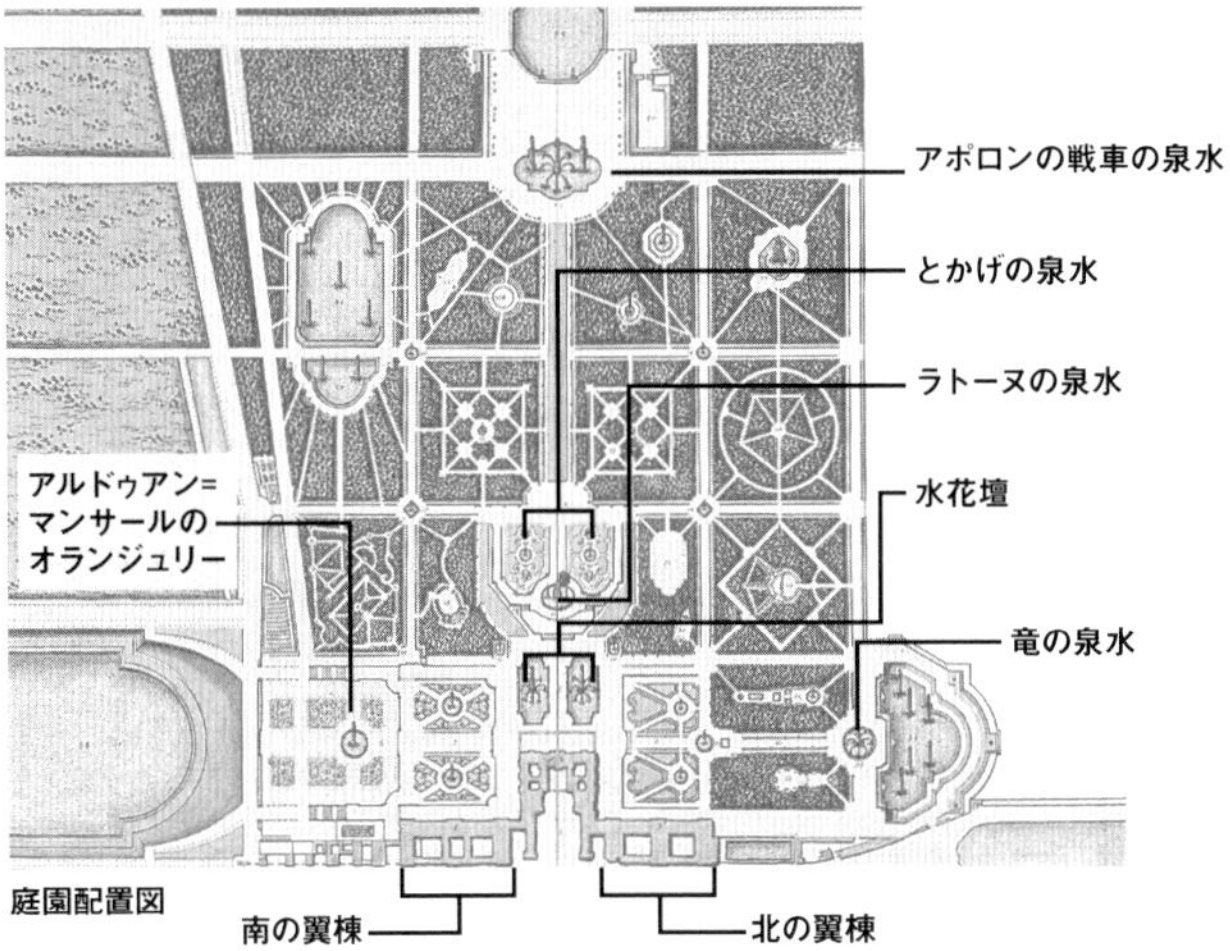

庭園配置図

アポロンの戦車の泉水

　太陽神アポロンを中心とする古代神話の世界は、新城館の眼下に広がるル・ノートルの付属庭園でもくりひろげられた。すなわち、広間と広間、アパルトマンとアパルトマン、さらには建築物と庭園のあいだに寓意主題のうえでも密接な関係が築かれたのであり、これはヴォー＝ル＝ヴィコントではみられなかった特質といえよう。とりわけ重要なのは、庭園の中央軸線上に位置する二箇所の泉水、すなわち、〈アポロンの戦車の泉水〉と〈ラトーヌの泉水〉である。

　アポロンの戦車の泉水は、狭義の付属

アポロンの戦車の泉水
正面：４頭立ての戦車を駆って海面から姿をあらわす太陽神アポロンの姿を躍動感たっぷりに表現した庭園彫刻である。アポロンを先導し、法螺貝《ほらがい》で日の出を告げているのは海の神トリトンである。「ローマ人」ジャン・バティスト・テュビーの作。

アポロンの戦車の泉水
背面：実際の太陽とは反対に西から昇って東に沈むことになる。城館は太陽神が休らうところという位置づけなので、この方向となったが、実際の太陽の運行とは逆の運行をことさらに演出したわけではなく、ルイ13世以来の城館の立地にもとづくものである。ラ・フォンテーヌは朝日がこの彫像群を照らしたときの、いわばふたつの太陽の輝ける美しさを称賛している。

アポロンの戦車の泉水
側面：アウグストゥス帝時代のローマの詩人オウィディウスの『変身物語』によると、４頭の馬の名はそれぞれ、ピュロエイス、エオーオス、アイトン、プレゴンとのことである。

庭園の果て、大運河の手前に位置している。ここにはルイ一三世時代から排水のための大きな泉水が設けられており、〈白鳥の泉水〉と呼ばれていたが、一六六八年から一六七〇年にかけて「ローマ人」テュビーの手で制作されたアポロンの戦車群像が一六七〇年に設置されたことによって現状の姿を得た。作者ジャン・バティスト・テュビーは、マルシー兄弟とともに初期ヴェルサイユ彫刻を代表する彫刻家である。

金色仕上げの鉛製のこの群像は、海から出ずるアポロンとその従者たちをあらわしており、アポロン、彼の戦車とその戦車をひく四頭の馬、それに太陽神の登場を法螺貝《ほらがい》の音で告げているトリトンたちによって構成されている。ラ・フォンテーヌは『プシシェとキュピドンの恋』のなかの詩で、この群像についてつぎのように詠《うた》っている。

竣工当時のラトーヌの泉水：ラトーヌ群像は竣工当時は城館の方を向いていた。

最初のもの（泉水）の真ん中では、フエービュスが波のなかから姿を現されて、
テティスの底深き住処《すみか》をあとにされたところです。
かぎりなき燦光のうちに、その炎のなかから水が飛び散っておりますが、
その水はほとんど水蒸気になってしまったようにみえます。
石灰が白い煙を発散するように。
水晶の原子によって雲がかたちづくられます。
そして太陽が向い合ったとき、
その輝きは雲をイリス（虹）の色彩で美しく染めあげます。
この神の駿馬《しゅんめ》たちは、出発の途にのぼる一方、
その後ろの方はほとんど水の外に出ていません。
馬たちは馬銜《はみ》に我慢がならないようにみうけられ、
たてがみを揺らして汗をかいています。
フェービュスは後ろ髪を引かれるようにその湿った住処をあとにされます。
彼は「時」たちが急《せ》かすのをテティスに愚痴《ぐち》っておられるのです。
彼女たちはその手で準備した彼の戦車を押しだしてきて、
こう告げます、「眠り」はもう自分の洞窟に戻ったと。

ここではトリトンに代わり、テティスと「時」たちを登場させている。実際に制作された群像には含まれていない登場人物も描かれているのは、おそらく計画案の段階の情報をもとに書かれたからだろう。

くる日もくる日も太陽の戦車を御しつづけるアポロンは、たゆまず政務に励む王のイメージそのものである。一六六四年の『魔法の島の歓楽』において、ロジェに扮した王の盾には「宝石でできた太陽が、つぎのような言葉とともに、輝いていた。」

決してたゆまないし、決して迷わない、

これは陛下が国家の抱える問題に専念しておられることと、それをあつかわれるときのありさまをほのめかしている。このことはまた、この銘句の作者ペリニー氏の四行詩にも表現されている。

ゆえなきことではない、大地と天上が
世にも希《まれ》なる人物にたいへん驚くのも、
彼は、骨が折れると同時に栄光がともなうその運行において、
決してたゆまないし、決して迷わない。

『魔法の島の歓楽』の台本には以上のように書かれている。テュビーが表現した

現在のラトーヌの泉水
全景：ラトーヌ群像を頂点とするピラミッド状の形態である。ヴェルサイユにはじめてあらわれた彫像群でもある。1686年にジュール・アルドゥアン＝マンサールによって現在のように改められた。

のは、太陽神が「骨が折れると同時に栄光がともなうその運行」を、今まさにはじめようとする瞬間だったのである。この太陽神は、自然の太陽とは逆に東に向かって、付属庭園のゆるやかなスロープをのぼっていくかのようである。そのゆく手にはラトーヌの泉水、そして新城館がある。

ラトーヌの泉水ととかげの泉水

〈ラトーヌの泉水〉は付属庭園の心臓部ともいえる場所にある。ラトーヌの泉水は城館とアポロンの泉水の中間に配され、ルイ一四世自らが手がけた『ヴェルサイユ庭園案内法』のなかで、そのすぐ前の地点が「眺望点（point de vue）」と称されるなど、庭園中央軸線上に位置する泉水や彫像のなかでも、空間構成上、要《かなめ》の位置を占めている。この位置にはルイ一三世時代から泉水が設けられていて、現在のものは一六六八年から一六七〇年にかけて整備され、ラトーヌの大理石群像が置かれたのは一六七〇年のことである。

だが、このような重要な位置を占めているにもかかわらず、この群像の意味するところはかならずしも明白ではない。また、ここで取りあげられた神話はわが国ではあまり知られていないので、まずはオウィディウスの『変身物語』が伝えるこの神話について説明せねばならないだろう。

女神ラトーヌ（ギリシア名レト、ラテン名ラトーナ）は主神ジュピテール（ギリシア名ゼウス、ラテン名ユピテル）とのあいだに双子をもうけた。すなわちアポロン（ギリシア名アポッロン、ラテン名アポッロ）とディアーヌ（ギリシア名アルテミス、ラテン名ディアーナ）である。しかし女神は主神の妃ジュノン（ギリシア名ヘラ、ラテン名ユノ）の怒りをかい、地上をさまよう宿命を背負うことになった。

女神がその双子の赤ん坊を抱いてリュキアに至ったとき、水に飢えた女神はその湖の水を飲もうとしたが当地の農民たちはそれを妨害した。女神は懇願《こんがん》する。しかし、彼らは自らの破滅を求めることになった。すなわち、女神の願いを拒否

噴水に彩られたラトーヌ群像：ラトーヌ群像を包み込むような水のドームの隙間から、天をみつめるようなラトーヌ女神のまなざしが印象的である。

蛙に変身させられつつあるリュキアの農民像：中段には、リュキアの農民たちが蛙に変身させられようとするその一瞬がきわめてローマ・バロック的な筆致で表現されている。この女性は体が人間のままで顔だけが完全に蛙となっている。

ラトーヌ、幼いアポロンとディアーヌの群像：天に祈りのまなざしを向けるラトーヌの足下に幼いアポロンとディアーヌの双子神がすがりついている。マルシー兄弟（ガスパール・マルシーとバルタザール・マルシー）の作。

したのである。怒った女神は両手を高くさしあげて彼らを蛙《かえる》に変えてしまった。〈ラトーヌの泉水〉において描かれているのはこの変身の場面である。ラトーヌと双子神の群像のまわりには、ラトーヌによって蛙などの水棲《すいせい》動物に変えられつつある、あるいはもう変身し終えてしまったリュキアの農民たちの鉛像が配置された。

当初、ラトーヌ群像は泉水中央の岩石形の台座の上に、現状とは逆の城館の方を向いて設置され、それを囲むようにリュキアの農民像が六体配置された。のちにラトーヌの向きは反対側の大運河の方に変更され、泉水の形も、ラトーヌ群像を頂点とするピラミッド状の形態に再構成された。

一六六八年、さらに西側の、中央園路を挟むかたちで配された二箇所の花壇のなかに、〈とかげの泉水〉が設けられた。これらに置かれたとかげの鉛像は（二体ずつ）、ラトーヌの泉水の水棲動物と同じ類に属するものと考えてよかろう。

つまり、この花壇も含めた、城館前の人工地盤をおりてくる階段から王の散策路までの開けた園も、右に引いた伝説に捧げられているのだと思われる。

これら三箇所の泉水に配置された彫刻、つまりラトーヌ群像ととかげの鉛像を制作したのは、ヴェルサイユにおける初期の代表的な彫刻家マルシー兄弟（ガスパールとバルタザール）だった。これがヴェルサイユにはじめて導入された彫像である。

ラトーヌの泉水とフロンドの乱？

さて、詩人ラ・フォンテーヌは『プシシェとキュピドンの恋』のなかのヴェルサイユ礼賛詩のひとつにおいて、城館前の人工地盤より〈ラトーヌの泉水〉へおりていく階段の上からの眺望を誉めたたえ、その冒頭でアポロンとルイ一四世の同一性について語っている。

しかし、ラトーヌの泉水については、その様相をこと細かに描きだしているものの、その意味するところにはまったくふれていない。また、この主題にもとづく当時の劇場作品はごく少数である。したがって、以下に述べるのは推測や推定の類にすぎない。

まずひとつの前提として、ルイ一四世が太陽神によそえられていたという事実がある。その太陽神の幼い頃の話が、このラトーヌの神話である。ではルイ一四世の幼い頃はどうだったのだろうか。そして彼の母親は。

ルイ一四世の母はアンヌ・ドートリッシュである。ここでひとつの仮定が必要だろう。すなわち、ルイ一四世がアポロンなら母后アンヌはラトーヌであるという仮定である。夫ルイ一三世の没後、息子の王太子ルイがフランス王に即位すると、母后アンヌは摂政に就任したものの、政治は枢機卿マザランの手に委ねた。

この点、摂政と宰相の関係は、おたがいの前任者（マリー・ドゥ・メディシスと枢機卿リシュリュー）のあいだのそれに比べれば、はるかに幸せなものだったのだけれども、彼女の運命が前摂政よりも幸福なものだったといいきるまでには、なお一〇年の年月を必要とした。一六四八年に勃発した〈フロンドの乱〉のせいで、母后と幼王はパリから逃れねばならないこともあった。王の政治に懐疑的だった貴族サン・シモン公爵らの意見にすぎないが、ルイがやがてヴェルサイユにいれこむようになるのも、この乱が原因のひとつだという。

噴水を吐き出す蛙像：最上段以外の各段に蛙が多数配置されている。下段には亀の彫像も置かれている。

とかげの泉水：とかげに変身させられているリュキアの農民2人が表現されている。

さて、以上の仮定にもとづき、ラトーヌが母后アンヌ、幼いアポロンがルイ一四世なら、水棲動物に変えられたリュキアの農民はフロンド党に与《くみ》して王権に逆らった者たちということになる。また、この事件がヴェルサイユ宮廷の誕生にひと役かっているとすれば、このラトーヌの泉水はその記念であるという解釈もなりたつ。

　この解釈によるならば、件《くだん》のラトーヌ神話群は王権に逆らうことの理不尽さを人びとに訴え、同時にヴェルサイユ宮廷の起源を顕彰《けんしょう》していることになるはずである。そうであるならば、ヴェルサイユ庭園がその中央軸線のもっとも重要な地点をこの泉水のために提供した理由、ルイ一四世の『ヴェルサイユ庭園案内法』が、特権的な鑑賞点をラトーヌ神話群の両側に設定したうえ、そのうちの一方に対してとくに「眺望点」の名を与えた理由も説明がつくかもしれない。

　だが、ルイ一四世が自らの宮廷の所在地としてルーヴルよりもヴェルサイユにこだわった理由については、現時点で確実なことはなにもいえない。また、筆者としては、以上のような後ろ向きの消極的な理由では説明できないような王の熱き思い、カペ朝やヴァロワ朝の遺産ではなく、新しい王朝であるブルボン家だけの手しか入っていない建築遺産を後世に残そうという強い意志が、ヴェルサイユの造営にはこめられているように感じる。

　したがって、以上の仮定につぐ仮定からなる推論がたしからしいとはいえない。一九六九年アメリカのネイサン・ホイットマン氏がとなえたこの説は、ジェラール・サバティエ氏によって明確に否定され、ヴェルサイユ宮殿で売っている案内冊子からも姿を消した。

　それでも神によって授けられたと考えられた王権に逆らうことを戒《いまし》めるかのようなこのテーマに、フロンドの乱が重ね合わされているという説はたしかに魅力的であり、完全に抹殺してしまうには惜しい気がする。

王の休息の場

ラトーヌの泉水が〈フロンドの乱〉を思いおこさせるものであるか否かはともかくとして、〈アポロンの戦車の泉水〉と〈ラトーヌの泉水〉が、アポロン神話のもとに同じ世界を共有する彫像群として認識されていたのはたしかである。一六六〇年代から、各宮殿の図像計画に主導的な役割を果たした、プティット・アカデミーの一員だったシャルル・ペローはその晩年につぎのようにのべている。

　私はヴェルサイユのグロットのデザインを手がけた。それは私の発案によるものだ。

　陛下がヴェルサイユのグロットの建設を御下命《ごかめい》になったとき、陛下が紋章として地球を下にした太陽を「衆に敵するにたれり」の銘句とともに採用され、ヴェルサイユの装飾物のほとんどが太陽神神話やアポロン神話からとられたことから（たとえば、ヴェルサイユの噴水のひとつに彼とディアーヌの誕生群像が、彼らの母ラトーヌ像とともに置かれた。この噴水は現存する）、小庭園の端にある泉水にも昇る太陽群像が置かれたのだと考え、それゆえ、このグロットのあった（のちに取り壊された）同庭園の反対側の端に、地球一周を終えてテティスのもとに眠りにゆくアポロン像を置いて、陛下が全世界に対してよきことをなさろうとつとめられたのちにヴェルサイユへお休みにいらっ

ラトーヌの泉水　アポロンの戦車の泉水　大運河へと連なる眺望：ルイ14世自らが手がけた『ヴェルサイユ庭園案内法』の第2段で指定されている眺望点からの眺めである。彼はこの案内法でかなり厳密に眺望点を指定し、そこから眺められるべきものをこと細かに列挙している。それによると、この眺望点からは「ラトーヌ(の泉水)、とかげ(の泉水)、斜路、彫刻、王の散策路、アポロン(の泉水)、大運河を眺め、さらに振り返って花壇と城館を見るように」とのことである。

しゃるのだということを表現するのがよいだろうと考えた。

「ヴェルサイユのグロット」とは、テティスのグロットのことである。場所は城館の北東、すなわち現在の礼拝堂の控えの間のところである。グロットとはイタリア・ルネサンスの庭園のなかにみられ

アポロンの水浴群像の現状：右図の銅版画と比較すると、各ニンフの位置が異なっているのがわかる。

アポロンの水浴群像：フランソワ・ジラルドンの作品。6名のニンフたちに手伝ってもらって水浴するアポロンを描いている。

る洞穴風の幻想的な四阿《あずまや》のことで、海や川にちなむテーマが取りあげられることが多く、その場合は貝殻風の岩が壁面を構成し、自然の洞窟のようにみせていた。

　このグロットのためにアポロンを中心とするアポロンの水浴群像が制作された。アポロンと彼の身づくろいをする六名のニンフたちはジラルドンとルニョーダン、二頭ずつに分けられたアポロンの愛馬とその世話をするトリトンたちはゲランとマルシー兄弟の作であり、いずれもル・ブランの素描にもとづいている。これら三体の群像は一六六四年から一六七二年にかけて制作され、一六七六年にはグロット内の三箇所のニッチに分けて配置された（それまでは石膏製のレプリカが設置されていた）。

　外側には、太陽光線を表現した鉄柵による三組の開扉が設けられ、ヴァン・オプスタール作の三枚の浅浮彫と四枚のメダイヨンがその上に配されていたようだ。それらには、海中へ向かう太陽神の戦車と、イルカに乗ってそれを歓迎する神々や人びとが描かれていた。

　しかし、この壮麗なフォリーも一六八二年のヴェルサイユ遷都にともなう北翼棟の建設のため、一六八四年に取り壊されてしまい、ただアポロンの水浴群像だけがかろうじて保存されただけである。

　実は、このグロットは、アポロン群像やラトーヌ群像が登場する五年ほど前の一六六四年か一六六五年にはル・ヴォーによって建設されていた。したがって、それらの群像の寓意《ぐうい》的《てき》な意味をうけてテティスのグロットが建設されたというのはペローの記憶ちがいである。

　だが、「全世界に対してよきことをなさろうとつとめられたのちにヴェルサイユへお休みにいらっしゃる」ルイ一四世を表現しようとしていたこと、このグロットと太陽神の戦車、さらには城館と太陽神の戦車のあいだに位置するラトーヌの泉水までもが、ひとつのまとまりを形成するものとして構想されたということはたしからしいと認めることができる。

　たしかにテティスのグロットは、庭園の中央軸線上に配置されてはいない。しかし、位置上の条件がいかなるものであっても、制作者側はこのグロットを、寓意上の意味を媒体として中央軸線と同じ世界を共有し、あきらかに太陽神の戦車の対になるものとして認識していたのである。

　以上のことから、ヴェルサイユ庭園の

中央軸線は、昇る太陽をあらわすアポロンの戦車の泉水と、（軸線上にはないもの）その反対側に位置して沈む太陽を表現しているテティスのグロットのあいだに展開した太陽神＝太陽王の主題に捧げられていく世界であるといえ、ラトーヌの泉水もその文脈上に位置づけることができる。

ファサード彫刻の寓意的世界

この世界観に則って構想されたのは、以上の泉水やグロットだけではない。宮殿主要部西側ファサードには、太陽神が宰領《さいりょう》する「時」の主題にもとづく彫像群が配された。二階を飾るイオニア式円柱で支えられたエンタブレチュアの上には、一年の一二の月の擬《ぎ》人像《じんぞう》が並べられた。

当初はこれらの黄道《こうどう》十二宮の擬人像一二体のみだったが、〈鏡の間〉の増築にともなう西側ファサード改変の際、中央に太陽神アポロンと月の女神ディアーヌの像が配された。さらに、それらに対応して、一階の窓のアーチの要石のところには、幼年から老年までの人間の顔をあらわした仮面飾りが彫られた。

column ❻

四大元素

この世の物質はすべて、火、風、水、土という四大元素からなるという古代ギリシア以来の考えがあった。ここから「四」という数字で世界をあらわすという考え方が生まれ、人間の四気質、四季、四大陸などの概念が成立した。ボードワン版の『イコノロジー』（八一頁参照）ではつぎのような「四」をテーマとした寓意が取りあげられている。

四大元素：「大気」「水」「大地」「火」
世界の四大州：「アジア」「アフリカ」「ヨーロッパ」「アメリカ」
一年の四季節：「春」「夏」「秋」「冬」
世界の四区域：「東方」「南方」「北方」「西方」
四風：「東風」「西風」「南風」「北風」
至点と分点：「夏至」「冬至」「春分」「秋分」
人間一般の一生：「黄金時代」「白銀時代」「青銅時代」「鉄の時代」→四年齢期
人間の四気質：「怒気質」「快気質」「鈍気質」「憂気質」
四詩体：「叙情詩」「英雄詩」「田園詩」「風刺詩」
一日の四区分：「朝」「昼」「夕方」「夜」

このうち、四大元素、世界の四大州、一年の四季節、人間の四気質、四詩体、一日の四区分の六テーマが、一六七四年にコルベールによる大理石彫像の大量注文で取りあげられている。これらの彫像によってヴェルサイユの花壇に世界の縮図を再現しようとしたのである。

獅子宮（左）と処女宮（右）：フランソワ・スーシャル氏によると、おそらく19世紀の修復の際に順番が逆になったとのことである。なお、ルイ14世は乙女座である。あいだには狩の女神ディアーヌにかかわる狩の戦利品装飾がみられる。

太陽神アポロン（左）と月の女神ディアーヌ（右）：ル・ヴォーの新城館が竣工した当初はなかったが、アルドゥアン=マンサールにより鏡の間が造営された際に追加された。王のアパルトマンが配置された北側にアポロン、王妃のそれが配された南側にディアーヌが置かれ、結果として当時の舞踏における男女の位置とは逆となった。

天秤宮（右）と天蠍宮（左）：天秤宮は左手に天秤を携えるとともに、秋の象徴である葡萄を右手に掲げている。あいだに音楽の神、弓矢の神でもあるアポロンにかかわる戦利品装飾がみられる。

人馬宮（右）と磨羯宮（左）：子供のケンタウロスがかたわらにいる人馬宮と山羊がそばに立っている磨羯宮。

宝瓶宮（右）と双魚宮（左）：このあたりは冬の星座なので擬人像たちも冬の装いをしている。

白羊宮（右）と金牛宮（左）：12の「月」はそれぞれさまざまな持物を持っていて、それらによって自らがどの月であるのかを人びとの目にあきらかにしている。もっとも特徴的なのはやはり黄道十二宮をあらわしている印であり、これらはリーパ著ボードワン仏訳・再構成の『イコノロジー』第２部にもすべて載っている。とはいえ、ヴェルサイユの12の月はリーパにそれほど忠実なわけではない。リーパが12の月に有翼の男性の姿を与えたのに対して、ヴェルサイユのそれは若い女性によって表現されたし、ほとんどの「月」たちは手にリーパの指定した持物を持っていないのである。ただし、彼女たちが頭に戴いている花飾りや葉飾りはリーパにもとづいたものかもしれない。

双子宮（右）と巨蟹宮（左）：蟹座のかたわらには蟹というよりザリガニかエビのようなものが配置されている。これが西洋における「蟹」である。

老人のマスク装飾：冬の星座の真下のマスク装飾は人生の冬ともいえる老年の人物の顔となっている。

乙女のマスク装飾：西側ファサード１階のアーチの要石にこれらのマスク装飾がほどこされている。牡羊座の位置するファサード右端から魚座の配されたファサード左端に向かって若年から老年へと並べられている。

フロールの泉水：「春」は花の女神フロール（フローラ）によって表現されている。リーパは明確にフローラとは述べていないが、その記述はフローラを想起させるのに十分である。

サテュルヌの泉水：「冬」はローマ神話の農耕神サテュルヌ（サトゥルヌス）によって表現されている。サテュルヌはギリシア神話の時の神クロノスと同一視されており、ここではこのクロノスの姿、すなわち、有翼の老人の姿をとっている。この表現はリーパの記述とは異なっている。

セレスの泉水：「夏」は収穫の女神セレス（ケレス）によってあらわされていて、これはリーパの説明とも一致する。

バッキュスの泉水：「秋」は葡萄酒の神バッキュス（バックス）の姿で表現されている。リーパは秋の擬人像として「葡萄の葉飾りを頭に戴き、さらに、右手には大きな葡萄、左手にはさまざまな種類の果物で満たされている豊饒の角を持っている」若い女性の姿をあげているから、正確にリーパに盲従しているわけではないが、葡萄と豊穣の角はバッキュスと密接な関係のある持物ではある。

それゆえ、新城館西側ファサードは「時」のファサードとでもいうべき性格を帯びている。なお、西洋では時間の流れを一次元上に表現するとき、左から右へと表現されるのが通常だが、「時」のファサード上では時間の流れが右から左へと表されている。

これは、フェッラーラのパラッツォ・スキファノイアの黄道十二宮の間や、ヴォー＝ル＝ヴィコント城館の楕円形平面の大広間の黄道十二宮の配列法と同じく、実際の天球上における黄道十二宮の順番にしたがったものと思われる。

「時」にかかわりがあるものとしては、庭園内に四季をあらわす四柱の神々、フロール（フローラ）、セレス（ケレス）、バッキュス（バックス）、サテュルヌ（サトゥルヌス）の各泉水が配置された。

一方、新城館の北側ファサードにはテティスのグロットに関連して、河神像や泉のニンフ、ナルシスとエコーなどの水の世界に関連のある彫像群、南側ファサードには、イアサント（ヒュアキントス）やクリティ（クリティア）ら太陽神にかかわりのある花に変身した神話の登場人物などの彫像群が置かれた。

未完のアンサンブル

以上は実現された計画だが、完成に至らなかった大計画もあった。一六七〇年に新城館が完成し、同じ頃にラトーヌ

トリトンの泉水：後ろにル・ヴォーの新城館の竣工当初の姿が見える。

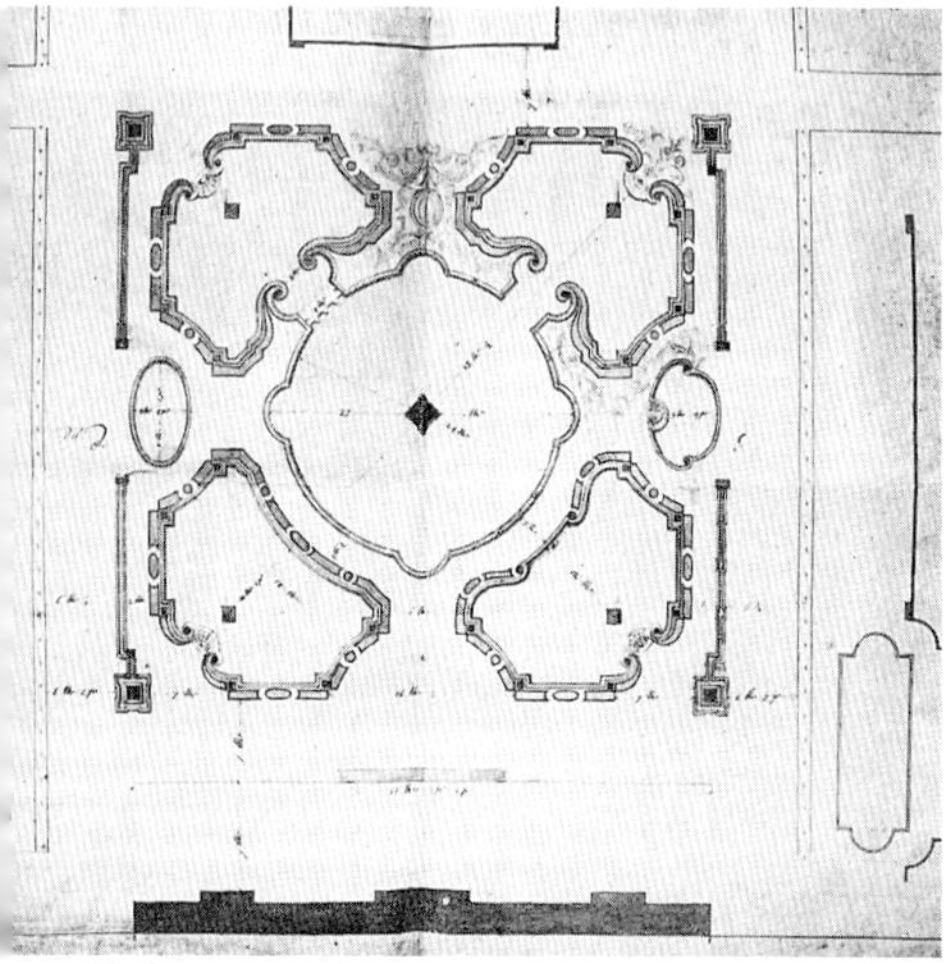

「四」の主題による泉水の計画案：泉水自体、かなり複雑な形状をしている。それを飾るための彫刻が1674年にコルベールにより大量注文された。これを受けてル・ブランが彫像群のデッサンを描きあげ、高名な彫刻家たちに作業を委ねた。それらの彫刻は「4」という数字を主題にしたもので、7群からなる。

エコー（左）（？）とナルシス（右）（？）：本来はこれらの像がこの位置に並んでいたはずだが、後世、何らかの事情で位置が入れかわったようである。水の精の姉妹をもつナルシス（ナルキッソス）は水に映った自らの姿に恋した美少年。エコーはその彼に恋してしまったが、自らに夢中の彼には思いは伝わらない。その悲しみのためにこだま（エコー）となってしまった。

河神像（左）と泉のニンフ像（右）：右手に船の櫂、左手に水瓶を携えた河神像と水瓶を両腕で抱えもった泉のニンフ像。ローラン・マニィエ作。

フロール（左）とゼフィール（右）：花の女神フロール（フローラ）と西風の神ゼフィール（ゼヒュロス）。サンドロ・ボッティチェッリの「春」にも描かれているとおり、彼らは恋人同士として扱われることが多かった。

クリティ（左）とイアサント（右）：クリティ（クリティア）は太陽神に恋して常に太陽を見ているうちにヒマワリに変身してしまった女性。イアサント（ヒュアキントス）はアポロンの寵童だったが、円盤投げ遊びをするうちにアポロンの投げた円盤が当たって死んでしまい、ヒヤシンスになってしまったという。どちらのエピソードもオウィディウスの『変身物語』で語られている。

の泉水とアポロンの泉水が整備されたが、城館とラトーヌの泉水のあいだにはなお、ルイ一三世時代からの広大な花壇があった。ここは当初、方形の刺繍花壇であり、少しのちに芝草によるものに替えられ、一六六四年に『魔法の島の歓楽』が開かれたときもこの状態だったという。

　ル・ノートルはここを大幅に切りひらき、ラ・フォンテーヌも語った馬蹄《ばてい》形のアンフィテアートル（円形闘技場、あるいはその観客席の形状に似たすり鉢状の部分）を設けた。ついで一六六六年には芝草花壇がふたたび刺繍花壇に植え替えられ、一六六九年と一六七一年にも花壇の改変がおこなわれる。さらに一六七二年、この場所は花壇ではなくひとつの大きな方形の泉水となる。この様子を描いた絵画には、手に持った法螺貝から噴水をあげている九柱のトリトンたちが描かれている。

ほどなく、泉水のかたちがさらに複雑なものにあらためられ、それを飾るための彫刻が一六七四年にコルベールにより大量注文された。これを受けてル・ブランが彫像群のデッサンを描きあげ、高名な彫刻家たちに作業を委ねた。それらの彫刻は「四」という数字を主題にしたもので、七群からなる。つまり、このときに注文されたのは、これら二八体にその他のものを合わせた総計約三〇体だっ

一日の四刻の「昼」の擬人像：息子である愛の神キューピッド（クピド）にともなわれた美の女神ヴェニュス（ウェヌス、ヴィーナス）。これもリーパにもとづく表現である。ガスパール・マルシー（マルシー兄）の作。彼だけがこの彫像群の注文において2体も受注している。

四大元素の「大気」の擬人像：足下に鷲を携えた姿はリーパにもとづく表現である。ル・オングル作。

一日の四刻の「夕方」の擬人像：左手に弓を堂々と掲げた狩の女神ディアーヌの姿で表現されている。これもリーパにもとづく擬人化である。デジャルダン作。

四季の「春」の擬人像：左手に花籠を携えた花の女神フロール（フローラ）。リーパは明確にフロールであるとは述べていないが、それを思わせる記述がみられる。ローラン・マニィエ作。

一日の四刻（朝、昼、夕方、夜）の大理石彫像計画案：王の首席画家ル・ブランのスケッチ。服装や持物について、リーパにしたがっているところも無視しているところもある。これに則って各彫刻家が作品を仕上げた。

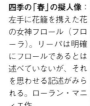

水花壇全景：花や芝生が配置される通常の花壇（parterre）ではなく、全面が水鏡であるかのように池となっているものを水花壇（parterre d'eau）という。ヴェルサイユの水花壇は北と南の二面からなっており、1683年の終わり頃には姿をあらわした。水花壇の周囲にはフランスの四大河（セーヌ川、ロワール川、ローヌ川、ガロンヌ川）を河神の姿で、その支流（マルヌ川、ロワレ川、ソーヌ川、ドルドーニュ川）を女性の姿で表現した擬人像が配置されている。これらはパリの造兵廠を宰領していたケレール兄弟が1685年から1694年にかけて鋳造したものである。写真には北の水花壇の北西隅に配されたセーヌ河神がみえる。

泉水中央に設けられる予定だったパルナス（パルナッソス）山の計画案：「ミューズたちの泉」案。ル・ブランの素描にもとづき、ルイ・ドゥ・シャティヨンが制作した銅版画。ミューズたちや天馬ペガソスなどが描かれている。同じ泉水の反対側を描いた銅版画も「諸学芸の泉」と題されて存在する。

た。これらの主題はリーパに由来するといわれている。

　これらの大理石彫像群の中心には、パルナス（パルナッソス）山をかたどった泉水が据えられるはずだった。しかし、これらの壮大なアンサンブルは未完に終わり、パルナス山案は実行にすらうつされなかった。一六八三年の終わりまでに実施にうつされた新計画ではフランスの四大河（セーヌ、ロワール、ローヌ、ガロンヌ）とその支流（マルヌ、ロワレ、ソーヌ、ドルドーニュ）の計八体の擬人像が、大理石ではなくブロンズで制作され、ここに現状の「水花壇」が姿をあらわす。

　実はこの頃、ヴェルサイユの図像計画は太陽神一本槍ではなくなっており、徐々にルイ一四世自身が主人公の主題へとうつり変わりつつあったのである。パルナス山案の放棄もこの文脈でとらえることができるだろう。

水のニンフ像：南の水花壇の南側長辺に2体置かれたル・オングル作のもののうちの1体。水花壇の彫像群は水花壇と城館の水平性を妨げないように、子供の像を除いて寝そべった姿で配置されている。

子供のブロンズ像：南の水花壇の南西隅に置かれた子供群像はマジエール作。水花壇の周囲に並べられた彫像群のうち、子供の像だけは立った姿で配置されている。

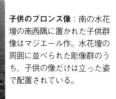

column ❼

チェーザレ・リーパの『イコノロジア』

抽象概念の擬人化

一五九三年、チェーザレ・リーパは『イコノロジア（Iconologia）』をローマで出版した。そこでは、美徳、悪徳などのほか、四大元素や四大陸、一年の一二の月や四季、イタリアの各地方や河川などの諸概念をどのようなかたちで擬人化して表現するかということが示されており、いわば一種の〈寓意事典〉となっている。つまり、右にあげたようなさまざまな抽象概念を人間のかたちをもって表現する（これを擬人化［personification］という）ときに、芸術家や詩人はそれにどのような形象を与え、どのような服を着せ、どのような物（これを持物《じぶつ》［attribute］という）を持たせるべきかを記述したものだった。

たとえば、「大地」については、「彼女は花飾りと豊穣の角を身につけ携えており、これらは、彼女が、生けとし生ける被造物たちの食料として、あらゆる種類の花々や果物を豊かにもたらしていることを象徴している」という具合である。

一七世紀のベストセラー

一六〇二年のミラノでの再版も含めて当初は図版がついていなかったが、一六〇三年にリーパ自身が図版を増補した版をローマで出版し、以後、国境を越えて爆発的ヒットを記録した。フランスでは一六三六年の版を経て、一六四四年にジャック・ボードワンの手で二部からなる完全な翻訳が、メダイヨン風の挿絵つきで、*"Iconologie où les principales choses qui peuvent tomber dans la pensée touchant les vices et les vertus, sont représentées sous diverses figures"*と題し公刊されている。

実はこれは、リーパのオリジナルをそのままのかたちで翻訳したものではない。リーパの『イコノロジア』はまさしく事典であり、ABC順に項目が並べられていて、二部構成のボードワン版の第一部ではその構成が踏襲《とうしゅう》されている。それに対して、第二部では、四大元素、四大陸や四季、黄道十二宮、五感などの同じ主題でくくられる、ひとまとまりとなった諸概念を取りあげていて、これを参照する芸術家や文人たちにとってより使いやすくなっている。

ヴェルサイユの天井画や庭園彫刻の世界でも、リーパ著ボードワン仏訳・再構成の『イコノロジー』に盲従はしないものの、これらボードワン版第二部でまとめられた諸概念がたくさんみられる。

第6章

機械の力

庭園の水はどこからきたのか

セーヌの流れを宮殿へ

ルイ一四世は「王の庭師、庭師の王」ル・ノートルが作庭したヴェルサイユの庭園を愛した。自ら筆をとり『ヴェルサイユ庭園案内法』を著したほどである。きわめて簡潔な筆致により、そのなかで強く強調されたのは噴水の美だった。

しかし、その実現には多大な人的物的知的資源の投入が必要だった。多くの試みのなかで、唯一、ルイの望みを満足させたのが〈マルリーの機械〉である。一四の水車と二〇〇余りのポンプ群からなる揚水《ようすい》装置で、セーヌ川の水を約一五〇メートル上の丘頂まで揚げて、そこから

マルリーの機械全景：直径12メートルにもなる大水車が14輪同時に回るという壮大な仕掛けである。図版右上に水道橋がみえる。

水道橋で宮殿まで導くという大がかりな施設だった。

実はこの機械は、さまざまな意味でフランス製とはいえない。王はリエージュ司教国（現ベルギー王国領南東部）から職人集団を招聘《しょうへい》し、材料や部品もわざわざ同国から調達した。つまり、一五〇メートルという高さを克服するために、人的物的知的資源のほとんどを国外に求めねばならなかった。

この機械の「発明者（inventeur）」も、公《おおやけ》にはリエージュ司教国ウイ市の名士アルノルド・ドゥ・ヴィル、「伝説」でもスアレム家の大工レヌカンの作とされていて、いずれにせよ同国の人材である。

「伝説」の発明者 レヌカン・スアレム

レヌカン、本名ルニエ・スアレムはリエージュ近郊ジュメップ・シュル・ムーズで一六四五年一月二九日に生まれた。父ルナールは鉱工業にかかわる工作作業に携わる大工で、息子も同じ仕事についた。一六世紀以来、石炭・鉄鉱石採掘と、それらを原料とした産業がさかんで、鉱山排水などに水力が利用されており、スアレム家はその装置の専門家だった。

伝承によると、以上の仕事で十分な経験を積んだ二二歳のレヌカンは、一六六七年から一六六八年のあいだ、マルシャン伯爵の居城モダーヴ城館の噴水のために、岩壁上に建つ城館の五〇メートルほど下を流れる小川から水を揚げる装置（一輪の水車で八基のポンプを作動させるというもの）を製作したという。

一方、ヴェルサイユの給水問題は切迫しており、王の意をくんだコルベールが案を募っているという話を、王に伺候《しこう》していたマルシャン伯爵（上記伯爵の息子）がドゥ・ヴィルに伝え、伯の友人だった関係でモダーヴに出入りもしていた彼がモダーヴの装置とその製作者に目をつけたという。その後、レヌカンを語らってパリに向かった。

王はまず試作機として、セーヌ川からサン・ジェルマン・アン・レの噴水への揚水機（〈パルフールの機械〉）を一六七九～一六八〇年に建造させ、完成後、御前実験がおこなわれた。それを成功させたレヌカンは、一大工にすぎぬ身がこれほどの工夫をいかになしとげることができたのか、と王に問われ、ワロン語で、「考えるのでございます、陛下（Tot tûzant, Môsieu）」とだけこたえたという逸話がある（あくまで「伝説」である）。

一六八一年初頭にはマルリーの機械も着工、一六八四年六月、装置自体はおおむね完成し、一六八八年に宮殿へ水を送る竣工式がおこなわれた。このとき、レヌカンは起動に必要な「秘密」を握ったまま消えたので、ドゥ・ヴィルはあわてて彼を捜し出して説得し、事なきを得たといわれている（これも「伝説」である）。

機械完成後も、王はレヌカンに機械の維持管理を委ね、「王の技師（ingénieur du Roi）」の称号を授与、一七〇八年七月二九日、レヌカンは同僚たちに惜しまれつつ、パリにて六四歳で没した。

この伝承によれば、以上三基の機械いずれも、レヌカンの主導によって設計施工され、公式にマルリーの機械の「発明

アルノルド・ドゥ・ヴィル：現ベルギー・リエージュ市の西にあるウイ市の市長を二度務めた名士で製鉄所長だったウィナン・ドゥ・ヴィルの息子として、1653年5月15日に生を受けた。イエズス会の学校でさまざまな分野を学んだあと、ルーヴァン大学で法学を修めた。モダーヴ領主でもあったマルシャン伯爵の知遇を得て、フランス宮廷に進出した。マルリーの機械およびセーヌ川の事業の総裁位を保ったまま、1722年2月22日にモダーヴ城館で没した。

レヌカン・スアレム：レヌカン、本名ルニエ・スアレムは、リエージュ近郊ジュメップ・シュル・ムーズで1645年1月29日に生まれた。兄ポール・スアレムとともに、マルリーの機械の構想を技術面でリードした。「王の技師」の称号を得て、マルリーの機械のメンテナンスに生涯を捧げたという。1708年7月29日、同僚たちに惜しまれつつ、パリにて63歳で没した。

者」と記されたドゥ・ヴィルは、彼をフランス宮廷に手引きし、事業主として宮廷との折衝を担当しただけのようにもとれる。

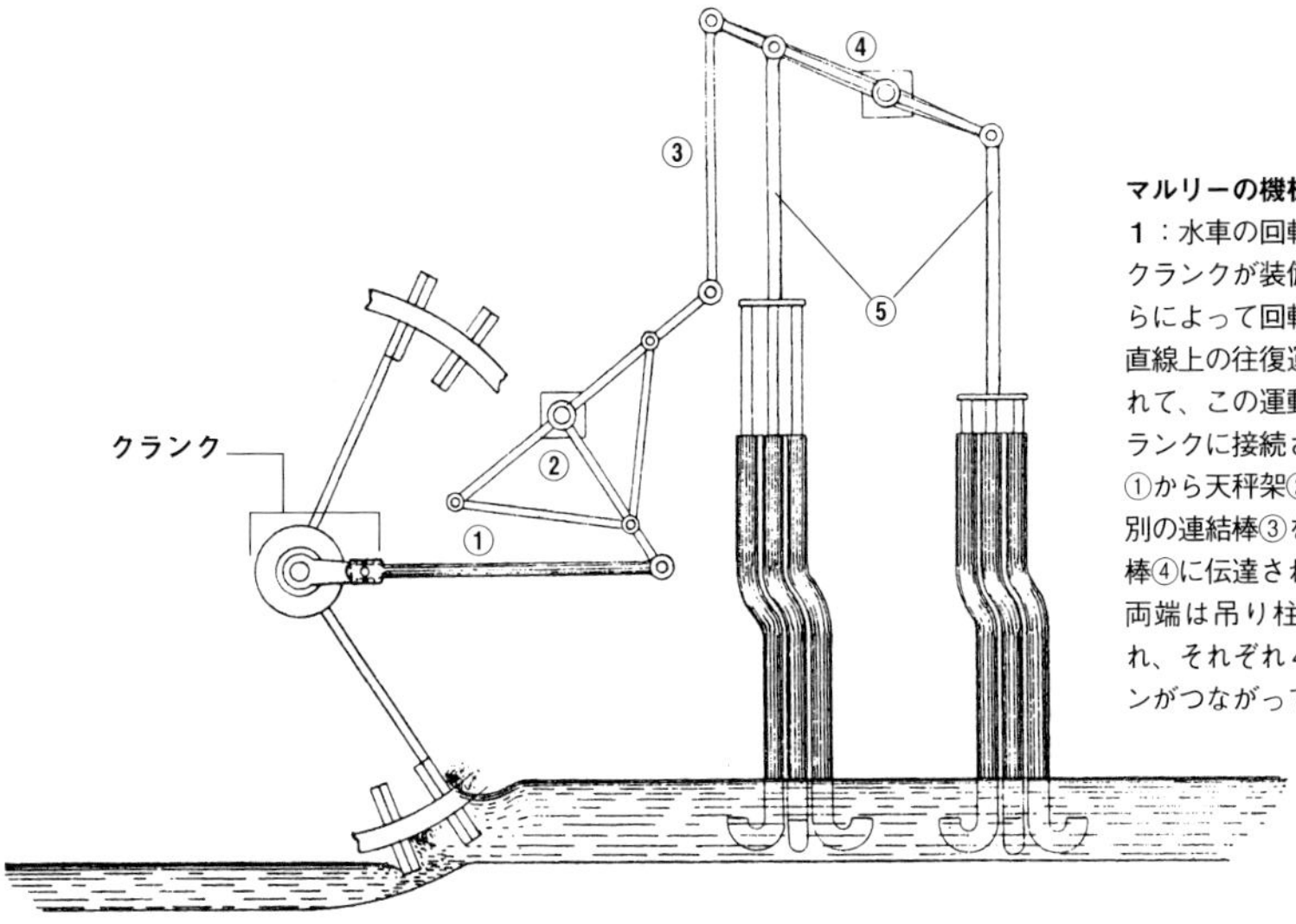

マルリーの機械の原理その1：水車の回転軸両端にはクランクが装備され、これらによって回転運動はほぼ直線上の往復運動に変換されて、この運動はさらにクランクに接続された連結棒①から天秤架②、そこから別の連結棒③を通じて天秤棒④に伝達される。天秤棒両端は吊り柱⑤に接続され、それぞれ４本のピストンがつながっている。

「優れた企業家」ドゥ・ヴィル

しかし、レヌカンひとりをマルリーの機械の創作者とする、とくにベルギーで流布している「伝説」には疑問が多い。すくなくとも、同じ一族の兄ポール・スアレムの役割は弟に匹敵するものだったはずである。いずれにせよ、当時の職人たちの仕事は集合的なものであり、この件についても同様のことがいえる。

一方、フランス人の書いた概説書によくある誤りだが、ドゥ・ヴィルが水利学によく通じた「技師（ingénieur）」であったという歴史的事実はない。アルノルド・ドゥ・ヴィルは、ウイ市長を二度務めた名士で製鉄所長だったウィナン・ドゥ・ヴィルの息子として、一六五三年五月一五日に生を受けた。

生地のイエズス会の学園を経て、パリの学校に送られ、一六七〇年一二月には中退し、ルーヴァン大学に入学、一六七四年九月二日に法学士号を授与された。そして、リエージュを活動の拠点と定め、一六七六年三月七日に弁護士の宣誓をおこなっている。

しかし、野心おさえがたく、一六七八年一二月七日、二五歳のアルノルドはパリへ向かう。パリや英独の専門家が無謀だとした計画を披露し実施するために。アルノルドは、一朝一夕になるわけではない事業への理解を得るために、王の寵《ちょう》愛《あい》や宮廷人の歓心《かんしん》をかうことにつとめた。これは事業完遂のあかつきに名声やみかえりを期待してのことでもあった。

一六八七年に〈マルリーの機械〉が完成すると、フランス政府はリエージュ司教国で彼に駐リエージュ・フランス代表たることを依頼した。一六八八年と一六九四年の司教選挙のときに、フランスのために動き、また情報を伝え、外交官としての優れた腕とリエージュ情勢に対する正確な知見を遺憾なく発揮したという。

本業の法律家としては、その仕事を通じて、貴顕《きけん》たちと友情をまじえたつながりをもった。フランス元帥にまでなった前述のマルシャン伯爵もそのひとりである。そのモダーヴ領をドゥ・ヴィルは一七〇六年に購入した。この頃にはフランス宮廷の気まぐれに疲れ果てて国に帰ることも多くなったらしい。

ルイ一四世が没したのち、財政および宮廷の勢力図が変化し、ついにパリを去ることになる。摂政オルレアン公フィリ

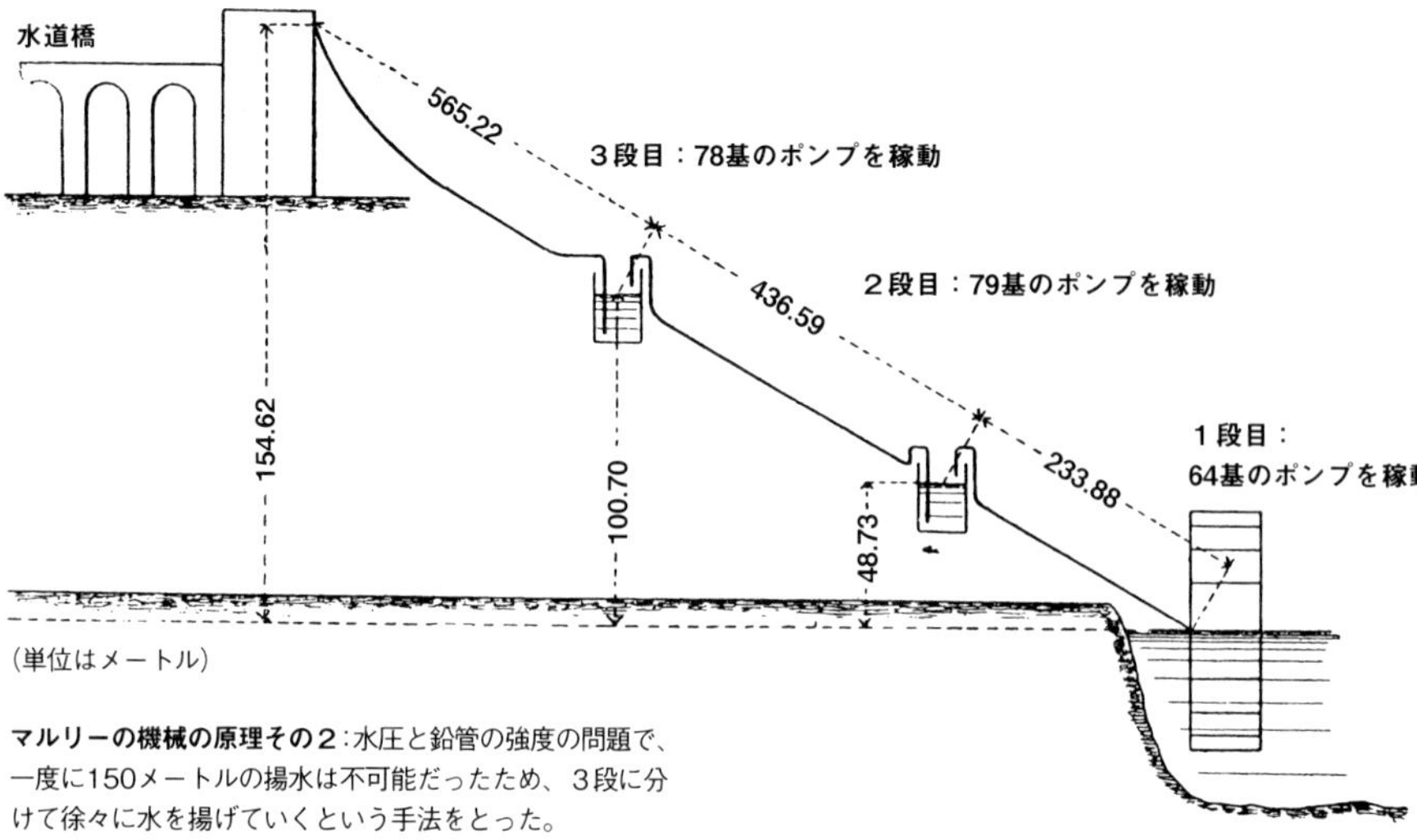

マルリーの機械の原理その２：水圧と鉛管の強度の問題で、一度に150メートルの揚水は不可能だったため、３段に分けて徐々に水を揚げていくという手法をとった。

ップ二世の政府と折り合いがつかなかったのである。そして、パリの住居と、マルリーの機械およびセーヌ川の事業の総裁位は保ったまま、一七二二年二月二二日にモダーヴ城館で没した。

彼が敷地選定や技術的計算までしたことには疑問を呈さざるをえない。しかし、事業の初期段階で推進者として機械の構想に大きな役割を果たし、最後まで有能かつ熱心な監理者だったという点で軽視さるべきではない。その「発明者」ではなくとも、「製作者（créateur）」とは称してよいだろう。

高低差一五〇メートルの難題

彼が〈製作〉した〈マルリーの機械〉とはどんなものだったのだろうか。広い意味では、右岸側を河川交通用に確保すべくセーヌ川の中洲群の左岸側だけに築かれた堰から、ルーヴシエンヌよりヴェルサイユ方面に延びる一二キロメートルの水道橋までを〈マルリーの機械〉というのかもしれない。だが、一般的にはセーヌ川から水道橋の一端まで揚水する施設のところだけを〈機械〉と呼んでいいだろう。

その〈機械〉の動力源はセーヌの流れであり、それが直径三六ピエ（=約一一・六九メートル）の一四輪の水車の羽根を押すことで、まず回転運動に転換される。水車の両端にはクランクが装備され、これらによって回転運動はほぼ直線上の往復運動に変換されて、この運動はさらにクランクに接続された連結棒（八五頁の図の①）から天秤架（同②）、そこから別の連結棒（同③）を通じて天秤棒（同④）に伝達される。天秤棒両端は吊り柱（同⑤）に接続され、それぞれ四本のピストンがつながり、つまりはピストン運動によってポンプ四基を動かしていることになる。

これが、モダーヴの機械やパルフールの水車の機械でも用いられた、マルリーの機械の基本機構である。しかし、この機械は先行する二基の機械ほど単純ではなかった。モダーヴやパルフールの水車の機械では、五〇メートルほど上の地点に揚水することが問題だったが、マルリーの機械が克服せねばならない高低差は一五〇メートル以上のものだった。

リエージュ人たちがあみだしたのは一度に一五〇メートルではなく、三段構えにするという手である。上記の基本機構で五〇メートルの揚水が可能なのだから、五〇メートルずつ徐々に揚げていけばよ

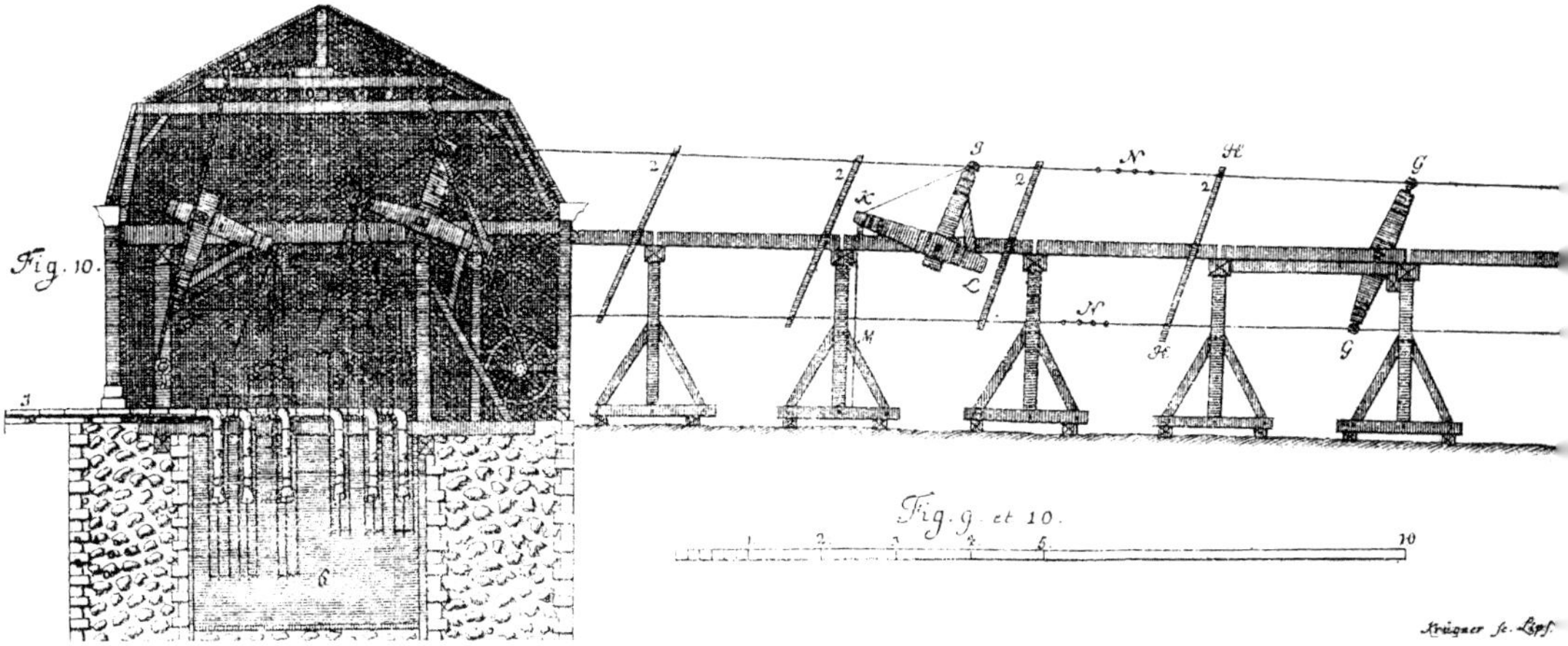

マルリーの機械の原理その３：上下に重なって配された天秤架は、鉛直平面上で回転する天秤架の両端につながれた連結棒によって動かされるので、上の天秤架と下のそれの動きとは交互に入れちがったものとなる。一方が鉄鎖を引くともう一方は鉄鎖を押すのである。長大な鉄鎖の動きを支えるため、等間隔に天秤棒が配置された。

いという判断である。

発想としては単純なようだが、先行する二基の機械とマルリーの機械の最大のちがいはここにある。一段目のポンプは上記の機構で直接動かせるが、一五〇ピエ（＝約四八・七三メートル）上の地点の二段目と三一〇ピエ（＝約一〇〇・七〇メートル）上の地点の三段目のポンプ群をどうやって動かすのかという問題が残るからである。それは鉄鎖《てつさ》を使った動力伝達システムで解決された。

水車の回転をクランクによって往復運動に変換し、連結棒でそれを天秤架に伝達するところまでは上記機構と同様である。鉛直平面上で回転するこの天秤架の動きは、天秤架の両端につながれた二本の連結棒を通じて、上下に重なって配置された、水平平面上に回転する二台の天秤架に伝えられる。それぞれの天秤架の一端に鉄鎖がつながり、この鉄鎖が上方の機構に動力を伝達するしくみである。

上下に重なって配された天秤架は、鉛直平面上で回転する天秤架の両端につながれた連結棒によって動かされるので、上の天秤架と下のそれの動きとは交互に入れちがったものとなる。一方が鉄鎖を引くともう一方は鉄鎖を押すのである。長大な鉄鎖の動きを支えるため、等間隔に天秤棒が配置された。そして、上部の貯水池で、二本の鉄鎖それぞれに鉛直平面上で回転する天秤架一台ずつが接続され、それぞれポンプのピストンを上に引き水を吸い揚げる。下がるのはピストンの自重による（上図参照）。

遠隔伝達装置による機構には、二段目のポンプだけを動かすものと、さらに上方に延びて三段目のポンプを駆動させるものの二種類があった。したがって、基本機構とあわせ、三種類の動力伝達機構が水車群につながっていることになる。

左岸に設置された機械のなかで、水車一四輪は上流から七輪、六輪、一輪と並んでいた。上流の七輪のうち、岸に近い一輪を除く残り六輪の岸側クランクはポンプを直接動かす基本機構、七輪の真ん中の五輪の岸から遠い側のクランクと岸側一輪のクランク二本には二段目まで動力を伝達する機構、岸から遠い一輪の残りのクランク一本は三段目まで動力を伝達する機構につながっていた。二列目の六輪のクランク一二本はすべて三段目まで延びた鉄鎖につながっており、三列目の一輪のクランク二本は直接ポンプを稼動させていた。

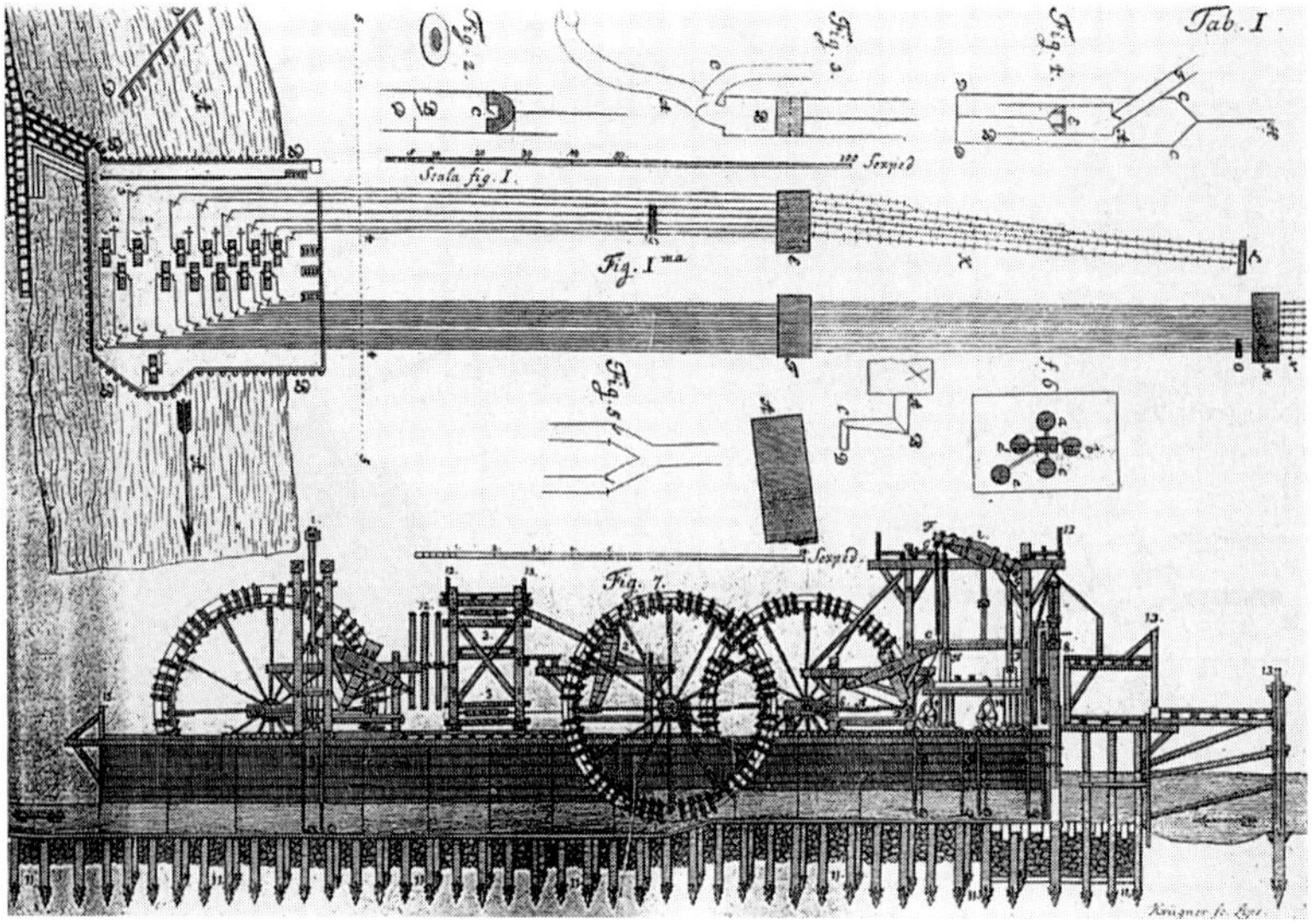

ヴァイドラー博士によるマルリーの機械の断面図と平面図：左岸に設置された機械のなかで、水車14輪は上流から7輪、6輪、1輪と並んでいた。上流の7輪のうち、岸に近い1輪を除く残り6輪の岸側クランクはポンプを直接動かす基本機構、7輪の真ん中の5輪の岸から遠い側のクランクと岸側1輪のクランク2本は2段目まで動力を伝達する機構、岸から遠い1輪の残りのクランク1本は3段目まで動力を伝達する機構につながっていた。2列目の6輪のクランク12本は、すべて3段目まで延びた鉄鎖につながっており、3列目の1輪のクランク2本は直接ポンプを稼動させていた。

基本機構を動かしているクランクは八本、二段目までの鉄鎖は七本、三段目までのは一三本ということになる。結局、一段目のポンプは六四基、二段目は七九基、三段目は七八基で計二二一基、この他にも補助的なポンプなどが何基かあったようである。

世界第八の驚異

竣工当初、〈機械〉はおおむね一日あたり三二〇〇立方メートルの水量を揚げていたらしい。実は、これはヴェルサイユ庭園の噴水すべてにとって十分な量ではなかった。ゆえに、たとえば『ヴェルサイユ庭園案内法』の順路どおりに人びとを導き、その動きにしたがって順々に噴水を作動させるという技が必要だった。

ひとつには遠隔伝達装置を通じるあいだに動力がどんどん逃げていってエネルギー効率を下げており、また、三種類の動力伝達のやり方の混在によって、一四輪の水車の各クランクにかかる力が不均衡であることも、技術的には大きな欠点となっている。さらに、水に浸かる木製の機械であるがゆえに維持管理にかかる手間と費用も馬鹿にならないものだった。

そのようなわけでマルリーの機械は一七一三年にはほとんど見捨てられた状態にあり、一七一五年八月二五日の聖ルイの日（ルイ一四世が没する直前）、すでにヴェルサイユの噴水を作動させえなくなっていた。ドゥ・ヴィルが機械廃棄の動きに反論して、保存要望書を出さねばならないほどだったのである（それでも革命後まで一二〇年にわたって存続した）。

しかし、技術的には欠点も多く、能力でも耐久性でも不十分な性能だったにもかかわらず、マルリーの機械は〈世界第八の驚異〉とも称され、内外の人びとを瞠目《どうもく》せしめた。これは上記で説明したしくみの複雑さと、それがレヌカンとポールの腕の冴えによって、木造の精緻な構築物としてあらわれたことによるという。この複雑怪奇な機構をドゥ・ヴィルのひととおりの説明だけで理解したのは、築城と攻城に長けた軍事技師ヴォーバン（一七〇三年に元帥《げんすい》となる）だけだった。

機械がもたらすスペクタクル

実は、当時の一般の人びとにとっても

っとも身近な機械とは、われわれが思いうかべる科学技術の産物としての機械というよりも、劇場やスペクタクルで場面転換をしたり、あるいは、古典古代の神々を舞台上に降臨《こうりん》させたりするためのカラクリだった。これを称して〈機械仕掛けの神〉(Deus ex machina)という。これが当時の文化的先進地イタリアからフランスにはじめて導入されたのは、イタリア出身の宰相・枢機卿マザランによってオペラが上演されたときだった。

イタリア語が観衆に理解できなかったこともあり、全編を歌うという劇場芸術の形式はフランス人になじまず、これらの試みは失敗に終わるものの、〈魔術師〉トレッリによる機械仕掛けはおおいに受けた。やがて、楽才と権謀術数《けんぼうじゅつすう》を兼ね備えた音楽家リュリが、フランス人好みのバレの要素も駆使しつつ機械仕掛けを取り入れたかたちで、あらたなフランス・オペラを一六七〇年代初頭に創造していく。

とりわけ、一六八三年初演の『ファエトン』は「観衆のオペラ」と呼ばれ、太陽神の息子ファエトンが、太陽の戦車を御しえずして墜落するところを、機械仕掛けで再現した最終場はかなり受けたらしい。また、一六八六年の「貴婦人のオペラ」と呼ばれる『アルミード』最終場も、魔女アルミードの宮殿が炎上するという大変華やかな機械仕掛けをともなっていた。

マルリーの機械が建設されたのは、まさにこれらリュリのオペラ群が制作されていた時期である。セーヌ川の巨大な機構も、規模が大きいがゆえに機械が複雑に動くさまそのものが一種のスペクタクルとなりえた。補助的ポンプのなかには、単に機械が動いていることを見せるために設置されたものもあったほどである。

そして、技術的には欠点ともいえる騒音が、ふさわしい音楽を添えたのである。かなり遠くにまで響きわたっていた機械の作動音に、近隣の住民が苦情を寄せなかったわけではないが、その〈スペクタクル〉の名声は騒音よりもはるかに遠くとどろくこととなり、ドゥ・ヴィルが機械を保存するメリットとしてあげるほどにまで、観光産業のようなものも成り立っていたという。

もちろん、スペクタクルとしての機械の名声が国外からもヴィッテンベルクのヴァイドラー博士などの水利技術者を惹きつけ、結果として、同時代人や少しのちの時代の人びとに、技術的にもそれまでにないほど研究されることとなる。そして、その空前の規模と相まって、ルイ一四世治世下における科学の勝利を世に喧伝《けんでん》するものとなった。

たしかに、ヴェルサイユやマルリーの庭園に十分な水を供給するという、水利技術上の課題を解決するという点では、当初の目的を果たしたとはいえない。しかし、この巨大なるマルリーの機械は、劇場性・演劇性を特徴とするバロック時代の〈機械〉の美学にかなうものであり、その巨大な機構が動くさまは当時の人びとの目に直接訴えかけて「驚異」の念を抱かせることに成功した。また、自然をも従わせようとしたルイ一四世の美学を、ヴェルサイユ庭園とともにもっともよく象徴していたのである。

以上の「機能」は、現代人が機械に求める「効率」という価値観でとらえることのできないものである。われわれの時代とはちがう物事のあり方がかつて存在したことをあきらかにし、現代の見方にとらわれない相対的多角的な考え方を育むことも歴史学一般に期待される任務のひとつなのである。

第7章

鏡の間

ルイ大王の治世は最高だ

大ギャラリー〈鏡の間〉造営

ル・ヴォーの新城館の西側中央の二階、三階は三柱間分セットバックしており、その空いたところには泉水まで備えたテラスが設けられていた。しかし、漏水《ろうすい》が激しかったこともあって、一六七八年にはこのテラスを埋めるようなかたちで大ギャラリーの建設が計画され、その設計はこのときはじめてヴェルサイユの表舞台に登場したジュール・アルドゥアン＝マンサールに託された。

　彼の案は、テラスの部分だけでなく、その両側の小さな広間群、すなわち、〈王のアパルトマン〉と〈王妃のアパルトマン〉の〈サテュルヌの間〉と〈ヴェニュスの間〉の計四室をつぶして全長七三メートルの大ギャラリーを建設しようというものだった（四一頁と一〇四頁の二階平面図を比較参照のこと）。

　一六七八年春に大ギャラリーの建設が決定されると、同年六月二六日にはル・ヴォーのテラスの取り壊しに対する代金

ジュール・アルドゥアン＝マンサール：1646年４月16日、パリで生まれた。もとの名をジュール・アルドゥアンといい、親戚筋の偉大な建築家フランソワ・マンサールの名をとってアルドゥアン＝マンサールと名のるようになった。ル・ヴォーの死後、その右腕のドラフトマンだったフランソワ・ドルベがあとを継いでヴェルサイユの工事を指揮したが、1678年に鏡の間の造営の問題がもちあがったときに表舞台に登場し、またたく間に王の建設事業のすべてを掌握する立場となった。1699年には王の建設総監にまでのぼりつめる。1708年５月11日にマルリーで没した。

鏡の間：長さ73メートル。幅10.5メートル、高さ12.5メートルの大ギャラリー。ルイ14世のさまざまな偉業が天井に描かれている。

表４　アルドゥアン＝マンサールによって増築された建造物一覧

1680年頃まで	２棟の閣僚の翼棟の建設
1678～82年	南の翼棟の建設
1679～82年	大厩舎と小厩舎の建設
1681～86年	あらたなオランジュリーの建設
1682～84年	大サーヴィス棟の建設
1685～89年	北の翼棟の建設

が支払われた。〈鏡の間〉自体の設計作業はまずアルドゥアン＝マンサールのもとではじまり、同年夏から翌年春にかけていくつかの案が練られた。

　最初はファサードのオーダーよりもひとまわり小さなオーダーを適用し、ヴォールトは半円筒形だったが、内装オーダーをファサードと同等のものにしてエンタブレチュアをかさ上げしたために、ヴォールトはひしゃげた半楕円形断面となった。なお、この時点では開口部はまだ長方形のままだった。

　一六七九年春になると案はル・ブランのもとへ送られ、以後、画家と建築家のあいだで案のやりとりがあり、細かいところの装飾は画家によって詰められていった。そして、一六八四年にはル・ブランの天井画や内装も含めてほとんど完成、その内装に鏡が大量に用いられたことから、〈鏡の間〉の名で広く知られている。

　この鏡の間の造営は宮殿の性格の変化を画したといわれている。それ以前のヴェルサイユ、つまり、ル・ヴォーの「包囲建築」は、そのテラスが王と王妃のアパルトマンの奥にあるということと、目を楽しませるための泉水があることから、夫妻のかなり私的な性格をもった城館と

南の翼棟の2階ギャラリー：南の翼棟には王族たちのアパルトマンが配置されていたが、1830年代にルイ・フィリップ１世王によって戦争のギャラリーなどに改装された。

北の翼棟外観：北の翼棟には宮廷貴族たちのアパルトマンが設けられていた。アルドゥアン＝マンサールはル・ヴォーの新城館のデザインをうまく延長してデザインしている。

して構想されたことがわかる。また、初期の新城館計画は現状の三階建てではなく二階建てになっていて、多くの宮廷人を収容できず、王の一家のための造営活動にほかならなかったはずである。

　これに対して鏡の間は宮廷儀礼のための場所で、きわめて公的な性格を帯びている。これは同じ時期、すなわち一六八二年五月六日に政府がパリからヴェルサイユへうつされたことと密接な関係があり、その造営の前後のさまざまな大工事も、それにともなう宮廷人や召し使いの増加に対応するものだった。また、宮殿の前に広がる都市計画も着々とすすめられていった。

天井画図像計画の変遷

　そして、ヴェルサイユの図像計画にとっても、鏡の間の造営は大きな転換点となった。実は天井画の主題は当初、太陽神アポロンを中心としたものだった。図案としてはヴォールト表面の四分の一のものと端部の半円形壁面のためのものが残っていて、それらには以下の主題が描かれていた。

●楕円形小絵画：木に縛りつけられたマルシアス、アポロンがその皮を剥ごうとしており、奥にはミダスの姿が認められる。

●大円形絵画の下半分：奴隷からのクリセイスの解放。

●小ペディメントの浅浮彫：アポロンの名誉を称える犠牲式。

●長辺から弧状に出た長方形絵画：シクロープたちを虐殺するアポロン。

オランジュリー（オレンジ温室）：ル・ヴォーによるオランジュリーをいったん取り壊して、規模を2倍にしたもので、設計はアルドゥアン＝マンサールによる。1681年から1686年にかけて建設された。冬のあいだ、このオランジュリーには3000本ものオレンジ、レモン、ざくろなどの南方の木々が納められる。

小厩舎側面：乗馬用の馬を収容する巨大な厩舎。北に並ぶ大厩舎の方では、その大空間を利用してオペラが上演されることもあった。

大厩舎側面：馬車とその馬を収容する厩舎で、中央軸線を形成する街路を挟んで小厩舎と左右対称になるようにデザインされている。

鏡の間天井画計画案　アポロン神話案　ヴォールトの一部：ヴォールト全体の１／４だけを示したもの。開口部は最終的に半円形アーチを頂いたものになるが、その形状がまだル・ヴォー時代の長方形であり、この案が初期の検討状態を示すものであることがわかる。

鏡の間天井画計画案　アポロン神話案　ギャラリー端部：第二次世界大戦前から活躍したフランスの碩学、ルイ・オートクールは、当初ルーヴル宮殿のアポロンのギャラリーのための案としていたが、のちに考えをあらため、鏡の間の初期案と確定した（ただし、その著書のキャプションでは前の考えのままになっている）。

●ニオベとその子供たちを射るアポロンとディアーヌ。

しかし、この案はほどなく、エルキュール（ヘラクレス）神話を中心としたものに取って代わられた。その題材を主に提供したのはいわゆる一二の功業であり、王の地上における偉業と重ね合わせることができるという点で、ヨーロッパの君主は伝統的にエルキュールになぞらえられてきた。

さらに案は変転し、主題として神話ではなく王自身の戦功が取りあげられ、一六六一年の親政開始を中心に据えた実施案に落ち着いた。実際に描かれた主題を、以下、北から南へ順番に列挙する。なお、左表に記した括弧は、それでくくられた絵画群がヴォールトを横断して一列に並んでいることを示している。

ふたつずつくくられたものは、両端の❶や㉚と同様、かなり大きな彩色画で、このうち、❺と❻、⓯と⓰、㉕と㉖は一枚の絵画にふたつの主題が同居するというかたちをとっており、⓾と⓫、⓴と㉑の方はそれぞれ独立した絵画にひとつずつ描かれた。そして、それらの主題は、中央に位置する⓯と⓰を含む大絵画にルイ一四世の権勢のはじまりともいえる一六六一年の親政開始の場面が描かれたのを除いて、すべて一六七二年から一六七八年までつづいたオランダ戦争から採られている。

また、三枚ずつまとめられたものはいずれもメダイヨンのような小さな絵画であり、三枚の内の中央のものは八角形で、金の下地に黒く彩色された浅浮彫状に描かれ、他の二枚は多彩色の楕円形絵画として構成された。これらは、一六六七年から一六六八年のスペイン領低地地方（旧リエージュ司教領をのぞく現ベルギー領）帰属戦争に関する出来事や、その他の民政面でのさまざまな業績を表現するものである。

二種類の絵画配列法

つぎに上述のさまざまな主題の配列法則についてみていきたい。実はその読解はやや困難である。なぜなら、オランダ戦争のはじまりを示す❶とその終わりをあらわしている㉚によって律せられている北から南へという時間の流れにそった配列法と中央の親政開始の主題を中心と

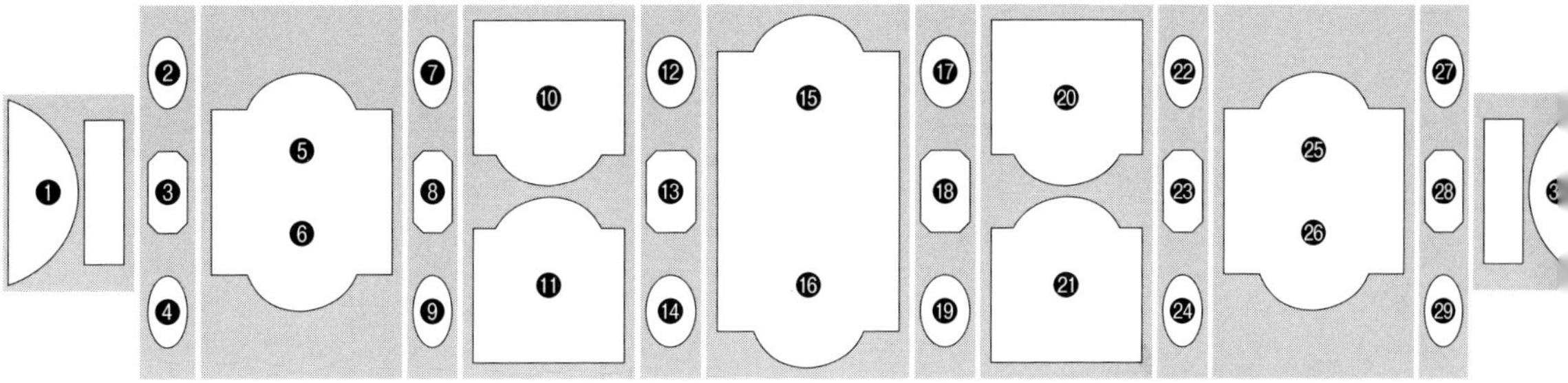

鏡の間天井画実施案の絵画配置略図：絵画の主題をのぞく、天井画自体の構成やコンセプトはエルキュール神話案をひきついでいる。すなわち、トロンプ・ルイユ（だまし絵）の技法でヴォールトと空が描かれていて、バロック的な天井画の世界をくりひろげている。なお、エルキュール（ヘラクレス）を主役とする絵画はこのときは実現しなかったが、次代のルイ15世治世下、1736年にエルキュールの間が完成している。

表５　鏡の間天井画実施案に描かれた主題一覧

❶ ドイツとスペインがオランダと同盟	1672年
❷ オランダ、ミュンスター司教の手から救われる	1665年
❸ 飢饉のときに臣民を慰問	1662年
❹ コルシカ人たちの侵攻に対して補償	1664年
❺ 敵前でライン川渡河	1672年
❻ 陛下、13日間でマーストリヒトを陥落させる	1673年
❼ トルコ人たち、ハンガリーで陛下の軍団に敗れる	1664年
❽ 決闘に熱中することが禁じられる	1662年
❾ フランスの上席権、スペインに承認される	1662年
❿ 陛下、オランダの最強要塞4箇所の同時攻撃を下命	1672年
⓫ 陛下、地に海に戦闘準備	1672年
⓬ 海運の再建	1663年
⓭ 王妃さまの権利をかけてスペインと戦争	1667年
⓮ 司法改革	1667年
⓯ 陛下、自ら統治	1661年
⓰ フランス近隣の錚々たる列強諸国	
⓱ 財政に回復された秩序	1662年
⓲ エクス＝ラ＝シャペル（アーヘン）で講話条約が結ばれる	1668年
⓳ 諸芸術に庇護をほどこす	1663年
⓴ 第2次フランシュ＝コンテ征服	1674年
㉑ オランダと戦争することを決定	1671年
㉒ 王立廃兵院の設立	1674年
㉓ ダンケルク獲得	1662年
㉔ 大使たち、地の果てより派遣されてきた	
㉕ 6日間でガン（ヘント）の町と城塞を奪取	1678年
㉖ スペイン人たち、ガンを奪取され、節度を打ち砕かれる	
㉗ スイス人たちとの同盟を更新	1663年
㉘ パリに警察と公安を設立	1665年
㉙ ふたつの海を結合（両洋運河建設）	1667年
㉚ オランダ、講話条約を受諾、ドイツとスペインから離反す	1678年

した対称を旨とする配列法が、複雑に入り組んでいるからである。

　まずオランダ戦争の様子をあらわしている大絵画群についてみていくと、❶と㉚にはその戦争のはじめと終わりということで対応関係があり、❺、❻の組と㉕、㉖の組、それに❿と⓴も、件《くだん》の戦争の戦果を示している点で、また、⓫と㉑については開戦前の出来事であるという点をもって、同様の関係が認められる。

　メダイヨン状の小絵画の方はオランダ戦争の事件を描いた大絵画群におけるよりもその対称関係はあいまいだが、親政開始をあらわしている大絵画のかたわらの絵画群には多少明瞭な対応関係がうかがえる。⓬と⓱はともになにかを立て直すという主題にあてられ、⓭と⓲の方はそれぞれ帰属戦争のはじまりと終わりをあらわしているという具合である。

　そして、以上のような対称関係にある

ドイツとスペインがオランダと同盟　1672年：ギャラリーの北端に描かれたもの。ここでいうドイツとはハプスブルク家の神聖ローマ帝国のこと。共和国よりも王国、王国よりも帝国の方が格上なことから、三者の階段上における位置が決められている。

敵前でライン川渡河　1672年：はるか昔のユリウス・カエサルによるライン渡河の栄光の故事を意識した表現。

陛下、オランダの最強要塞４箇所の同時攻撃を下命　1672年：オランダの地図を前に、王弟オルレアン公フィリップ１世、コンデ大公、テュレンヌ子爵に王が指令を下している場面。

陛下、自ら統治

1661年：自ら国政の舵(gouvernail)をとる姿によって、王自ら統治(gouverner)することを表現している。彼の頭上にはライヴァル諸国が女性の姿で擬人化されて表現されている（上図の外側はるか上方）。

オランダ、講話条約を受諾　ドイツとスペインから離反す　1678年：ギャラリーの南端に描かれたもの。オランダのネイメーヘンで講和条約が結ばれたことを象徴的に表現している。

諸主題は、おおむね、北側よりも南側のものの方が新しい出来事にもとづいており、このようにして二種類の配列法が複雑に混ぜ合わされたものと考えられる。

コワズヴォー作の戦争の壺：戦争の間の前に置かれた大理石製の装飾壺。

太陽神神話との決別

自らを太陽神になぞらえていたルイ一四世にとって、宮殿の重要な位置を占める〈鏡の間〉の天井画にアポロン神話を描こうとしたのはきわめて自然である。新城館の北側に位置する王のアパルトマンと南側の王妃のアパルトマンを構成する広間の天井画には七惑星をそれぞれあらわす七柱の古代神が描かれたし、新城館の庭園側ファサードにも黄道十二宮など太陽神に縁の深い寓意像が設置された。そして鏡の間と相対するように、庭園中央部に配置された泉水は、アポロンの母神が不逞《ふてい》な農民たちを蛙に変える場面を描いている。

これはアウグストゥス時代の詩人オウィディウスの『変身物語』巻六に載っている神話にもとづいている。そして、この神話は、巻五の終わりから巻六の中頃にかけて並べられた、下記のような、神々の懲罰を主題とする神話群のひとつだった。

巻五の終わりの方
　スキュティアの王リュンコスを山猫に変えてしまうケレス
　ピエロスの娘たちをかささぎに変えてしまうムーサ九神
巻六の中頃まで
　アラクネを蜘蛛に変えてしまうミネルウァ
　アポッロとディアーナに子供たちを殺され大理石に変じたニオベ
　リュキアの農民たちを水棲動物に変えてしまうラトーナ
　マルシュアスの皮を剝ぐアポッロ

このなかで、ラトーヌ神話の前後に語られているニオベとマルシアスの神話は〈鏡の間〉の天井画第一案に採用されている。このように鏡の間の天井画も当初は、その主題をアポロンによる懲罰に求めていたのであり、ラトーヌの泉水と非常に密接にかかわって庭園と城館を図像主題のうえで強く結びつけるはずだった。そして、七惑星に捧げられたふたつのアパルトマンとともに、〈太陽神の宮殿〉

の構成要素のひとつとして重要な役割を果たしえただろう。

それにもかかわらず、アポロン神話はエルキュール神話に取って代わられ、さらにはルイ一四世の功業を描く実施案へと変更された。ここに至り、鏡の間の天井画は、庭園やファサード、王と王妃のアパルトマンで展開されている太陽神神話とは、主題上の関係をほとんどもたなくなってくる。ここではもはや王は神話の神や英雄の姿を借りず、自らが主人公となるのである。

時の流れの逆行とふたつの世界の混在

さらに、この実施案は全体構成のうえでも従来の体系からはずれたものを提示していた。とくに、時間の流れに沿って北から南へと配列する方法は注目に値しよう。たしかに北側を入口とし南側を奥とする（玉座を設置する）使用法からみると自然だが、そのファサード上に置かれた黄道十二宮群像の配列順序は、白羊宮＝三月を頭に南から北であり、つまり、内外で時間の流れが逆になった。

ここに鏡の間は、庭園との関係において図像主題のうえで一貫性を欠く存在となった。一方、鏡の間の南北に一緒に造営された〈戦争の間〉と〈平和の間〉の眼下の位置には、戦争の壺と平和の壺が置かれた。これらの広間は、図像主題のうえでもそれぞれオランダ戦争の開戦と終戦をあらわす天井画をもっており、鏡の間と密接なかかわりをもつという点で、当然、二点の装飾壺の主題も同じ体系に属するものである。

また、太陽神神話と関係の深い四季や、一日の四刻などの彫像群が飾られる予定だった城館庭園側正面の水花壇には、現実にルイが支配しているフランス王国の四大河と四支流を中心とする寓意彫像群が配置された。これらの仕事は、城館と庭園のあいだに生じた齟齬《そご》を少しでも解消するためだったのではないかと考える。

しかし、以上の処置によって矛盾が城館の外にまで広がったともいえる。太陽神神話に関係の深いラトーヌの泉水と黄道十二宮のあいだにフランスの河川群像

コワズヴォー作の平和の壺：ここでいう平和とは戦争の終結を意味しており、戦争の勝利を祝って武具を携えた女性や子供たちが凱旋行進している場面を描いている。

戦争の間の天井画：戦争の間は1679年２月くらいから造営されはじめた。天井は王のアパルトマンよりも高くなっていて、中央はクーポラ（ドーム）仕上げとなっている。その中央にはルイ14世の肖像をあしらった盾を掲げた「フランス」を擬人化した女性が描かれている。天井四隅には太陽神の紋章があしらわれている。

が挿入されただけでなく、戦争と平和の壺が設置されたことによって建物内外どころか、同じファサード上で相反するふたつの時間の流れが混在することになってしまった。

　このように、鏡の間の天井画によって、城館と庭園が一貫した図像主題のもとに統一されて〈太陽神の宮殿〉の完成へと導かれるはずが、むしろ今までとは異なる要素が導入されるきっかけとなった。以後のヴェルサイユ宮殿は、現在に至るまで、太陽神神話を基調とする平和な世界とルイ一四世を主人公とする戦争の世界が奇妙に同居する場となった。つまり現在のヴェルサイユ宮殿は、庭園と城館のありさまも含めて、全体の調和が実現された世界ではないのである。

古典古代への勝利宣言

　これはどういうことだろうか。実は、ヴェルサイユに首都機能が形成されていった一六八〇年代以降、今でいうプロパガンダの面もあったものの、たしかに娯楽ではあった野外祝典はあまり開かれなくなる。また、庭園にも太陽神神話と結

平和の間の天井画：平和の間は1679年7月6日くらいから建設が開始されている。中央には勝利した「フランス」が列国に平和の象徴であるオリーヴの枝を示す場面が描かれている。天井四隅にはフランス王国の紋章（上図の左上と右下）、およびナヴァール王国の紋章（上図の左下と右上）があしらわれている。

びついた彫刻より、古代彫刻またはその模刻など、芸術作品として価値ある作品が置かれていった。

　この傾向が示しているのは、神聖不可侵なる古典古代の権威が揺らいだことである。「古典古代」とは、古代、とくにパクス・ロマーナ（ローマの平和）といわれる古代ローマの最盛期を理想とし、それを美化した概念である。そこに絶対の価値を認めつつ仰ぎみる態度を古典主義と呼ぶ。古典主義を信奉するかぎり「現代人」ができる努力といえば、どこまで古典古代の高みに近づくことができるのかということのみである。

　しかし、フランス絶対王政最盛期の王ルイ一四世の治世、「ルイ大王」の御代《みよ》は政治・経済・文化・宗教など多様な分野で古代を超えたのではないか、と主張されるようになった。古典古代の絶対的権威が揺らぎはじめたのである。こうして「現代派（モデルヌ）」は、引きつづき古代を崇《あが》めていた「古代派（アンシアン）」の人びとと論を戦わせる。

　文人では、「長靴をはいた猫」、「赤頭巾ちゃん」や「灰かぶり姫」などの童話集の編纂《へんさん》で知られるシャルル・ペローが現代派の急先鋒《きゅうせんぽう》であり、古代派としては理論家として名高いボワロー・デプレオーや大悲劇作家ラシーヌが代表的論客である。この論争を「新旧論争」という。

　王権は当然ながら現代派の陣営につく。一六七四年のヴェルサイユの野外祝典では、ペローが推すリュリ作曲キノー台本の音楽悲劇『アルセスト』と、ラシーヌの悲劇『イフィジェニー』がともに上演されたが、以後、宮廷芸術の主力となったのは前者だった。

鏡の間のフランス式オーダー：コリント式の柱頭を形成するアカンサスの葉と蔓のかわりに、王政と共和政とを問わずガリア（フランスの古名）の地を象徴する鶏、カペ王朝以来のフランス王家の紋章である百合（フルール・ドゥ・リス）、ルイ14世の紋章である太陽神のマスクを組み合わせてデザインしたものである。

　鏡の間において、王の事績をプレートで解説する言語が古典古代の言葉であるラテン語ではなく現代語たるフランス語になったのも同じ文脈上でとらえることができる。また、鏡の間で使用されたオーダーも、古代のコリント式そのままではなく、〈フランス式オーダー〉と称するアレンジメントを加えたものだった。

　これはル・ブランが考案したものであり、そこでは古代のアカンサスの代わりにフランス王家の象徴である百合、王政と共和政とを問わず現在までフランスという国土の象徴である鶏《にわとり》、そして、ルイ一四世個人の紋章である太陽神のマスクが組み合わされている。

　鏡の間の天井画主題が古代神話から脱却した背景には以上のような大きな動きがあったのである。実は、一六五〇年代から一六七〇年代にかけて、ルイ一四世が太陽神アポロンになぞらえて自らの権威を表現したのは、ルイ個人の誇るべき事績が不足していたからでもあった。

　しかし、一六六〇年代から着々と自らの業績を積み重ねてきた王は、オランダ戦争の勝利の成果だと考えたネイメーヘン講和条約の締結により、自らが主人公となる自信を得たといえるだろう。そして、新旧論争の進展にしたがって、ルイ一四世の治世が栄光の古典古代に勝るものという確信が、王の臣民たちにも徐々に共有されていったのである。

　加えて、鏡の間の鏡は国産であり、技術的にヴェネツィアのガラス産業独占体制を揺るがすものでもあった。また、スペインのハプスブルク家がマドリードの王城（アルカサル）で営んだ、ヴェネツィア製の鏡を四面用いた鏡の間を、規模のうえでも鏡製造の自家技術の点でも凌《りょう》駕《が》したことにも意味があった。

　そのような時代状況にあって、鏡の間の造営はルイ一四世が発した、当時のイタリアの文化的・技術的優位に対する、フランス王家最大の政敵ハプスブルク家に対する、そして絶対の理想郷たる古典古代に対する勝利宣言なのである。

column

❽

コリント式オーダー

コリント式は古代においてもっとも細く繊細な円柱の様式とされており、〈オーダー〉と呼ばれる時代になっても、コンポジット式とともにその繊細華麗さから宮殿や劇場にふさわしいオーダーと考えられていた。このコリント式オーダーの起源について、紀元前三〇年代、二〇年代に活躍したウィトルウィウスは次のような悲しいエピソードを伝えている。

古代ギリシアのコリントスの町に美しい少女がいて、適齢期にさしかかったが、あるとき病で死んでしまった。たいへん悲しんだ乳母は、この娘が気に入っていた品々を籠《かご》に入れて蓋《ふた》をして、その墓の塚の上に置いた。ところがちょうど籠の真下にアカンサスの種が植わっており、それが発芽して、籠のまわりを葉でおおい、蔓が籠の蓋にあたってくるくるっと巻いた状態になった。

コリント式の柱頭をデザインするカリマコス：ロラン・フレアール＝ドゥ＝シャンブレの『古代建築と現代建築の比較』の挿し絵。

アカンサスの葉：東京大学・本郷キャンパスの工学部１号館前に生えているアカンサス。梅雨時になると立派な花を咲かせる。

そこへ石工のカリマコスが通りかかり、これを円柱の柱頭にデザインするとよいのではないかとひらめいて、とっさにスケッチし、コリント式の柱頭のデザインを考案したという。

以上の話は考古学的事実ではないと思われるが、コリント式が誕生して三、四〇〇年経過した紀元前一世紀後半には信じられていたかもしれないし、ウィトルウィウスの影響を色濃く受けたルネサンス時代、バロック時代の人びとも信じていたかもしれない。

第8章

ルイ一四世のある一日

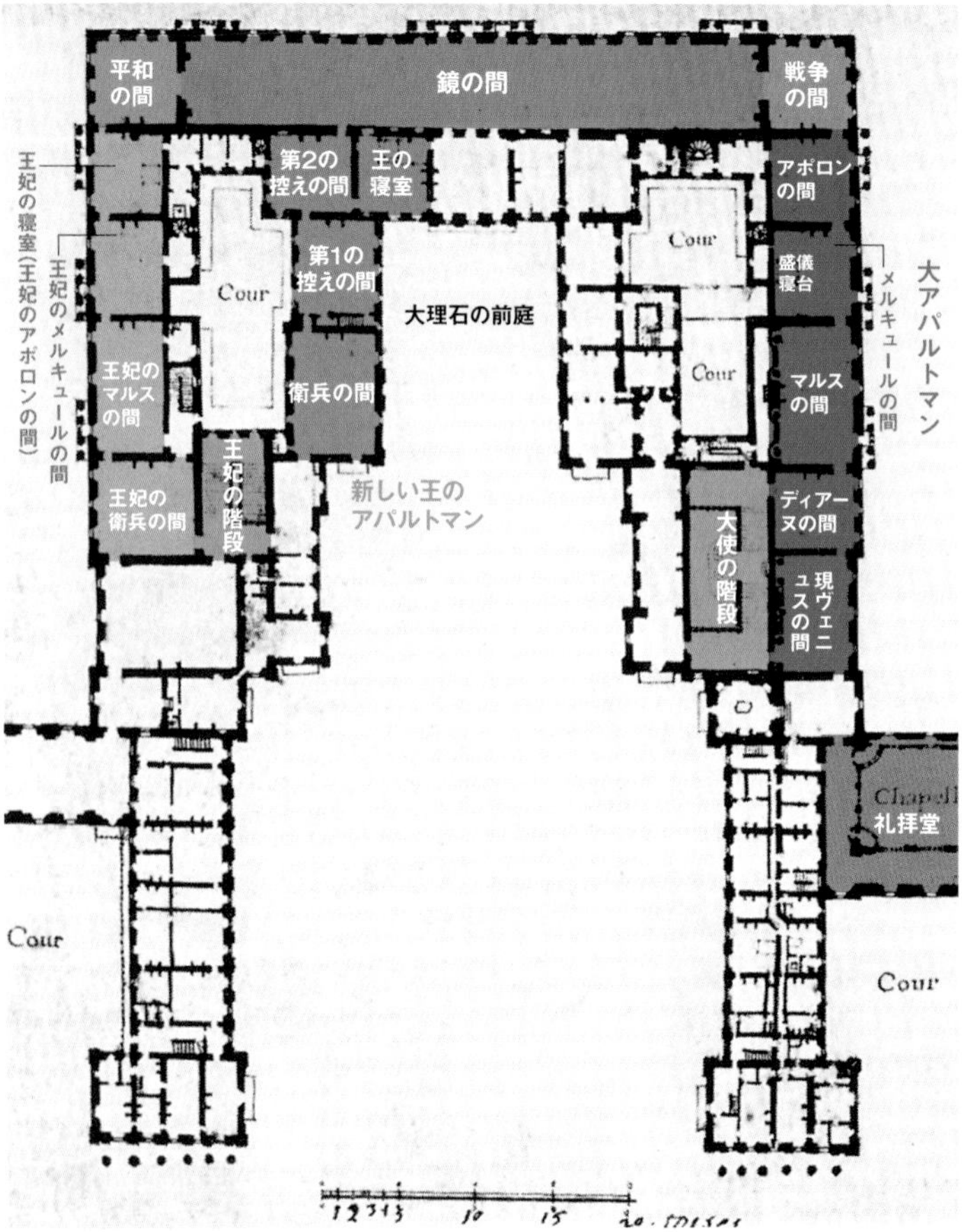

鏡の間造営後の新城館２階平面図：鏡の間は、王のアパルトマンのサテュルヌの間とヴェニュスの間、王妃のアパルトマンのこれらに相当するふたつの広間とテラスをつぶして建設された。17の開口部があり、全長73メートルの当時としては長大な空間だった。

鏡の間造営による宮殿内の変化

一六七八年に開始された〈鏡の間〉の造営は、新城館の平面にも重大な変化をもたらした。鏡の間の建設のために、〈王のアパルトマン〉と〈王妃のアパルトマン〉のそれぞれふたつの小広間が取り壊されたからである。また、新城館の角部屋にあたるそれぞれの〈ジュピテールの間〉も〈戦争の間〉と〈平和の間〉に改装され、王のアパルトマンと王妃のアパルトマンを構成する、それぞれ七室の広間のうち三室がなくなったことになる。〈サテュルヌの間〉以外は完成に近づいていた王のアパルトマンについてみていいくと、〈ヴェニュスの間〉は〈ディアーヌの間〉の東側の現在の位置にうつされ、〈ジュピテールの間〉の天井画その他の装飾は王妃の〈衛兵の間〉に移設された。したがって、王のアパルトマンは、〈ヴェニュスの間〉〈ディアーヌの間〉〈マルスの間〉〈メルキュールの間〉〈アポロンの間〉という構成になり、王の公的かつ正式なベッドである盛儀《せいぎ》寝台はアポロンの間からメルキュールの間にうつされた。

王のアパルトマンよりも未完成部分の多かった王妃のアパルトマンでは、結局、〈マルスの間〉〈メルキュールの間〉〈アポロンの間〉しか残らなかった。一六八三年七月三〇日、王妃マリー・テレーズがなくなると、このアパルトマンの主人は王太子妃となり、彼女もすぐ亡くなって、嫡孫ブルゴーニュ公ルイの妃であるマリー・アデライード・ドゥ・サヴォワのアパルトマンとなっている。

その後も宮廷第一の地位を占める女性

メルキュールの間の盛儀寝台：1700年11月、スペイン王カルロス２世に次代の王として指名されてスペイン王フェリペ５世となったルイ14世の孫アンジュー公フィリップが、出発前の11月16日夜から数日間用いた。これはそれまではルイ14世の臣下であった王孫が祖父王と同格になったことを示す。また、ルイ14世が1715年に崩御したとき、遺体が安置された寝台でもある。

王妃のアパルトマンの控えの間の天井画中央：学芸と科学を振興する神として描かれたメルキュール。ここでは凱旋車に乗らず、自ら飛翔している。彼の下方には学芸で知られた古代の女性たちが陣取っている。

がこのアパルトマンを生活の場とし、おのおのの時代の趣味でアパルトマンを改装していったので、現在までマリー・テレーズ時代の装飾を伝えているのはメルキュールの間だけである。

だが、マリー・テレーズ妃が亡くなったのちの新城館の変化としてもっとも大きなものは、王のアパルトマンがルイ一三世の小城館の方に移ったことだろう。新城館の王のアパルトマンの方は〈グランタパルトマン〉（大アパルトマン）と名を変え、〈鏡の間〉と〈戦争の間〉〈平和の間〉も含めて、外国使節の謁見《えつけん》などの公式行事をとりおこなったり、宮廷人を集めての夜会を開催したり、ヴェルサイ

ジェノヴァ元首一行への謁見：1685年５月15日の謁見。ジェノヴァ元首の謝罪を受け入れているところ。

ペルシア使節謁見：1715年２月19日の謁見。玉座は平和の間を背にしてしつらえられている。ルイ14世最晩年に訪れたこの使節は公式のものではなかったというが、高齢をおして正装し使節を迎えるルイの姿に、死の瞬間まで王の職務を放棄しなかった彼の義務感をみることができる。かたわらには５歳になったばかりの王太子ルイ、のちのルイ15世の姿がみえる。

マリー・アデライード・ドゥ・サヴォワ：ルイ14世にとてもかわいがられたが、1712年２月12日に麻疹で亡くなった。没後、実家にフランス情勢の報告をしていたことがあきらかとなり、ルイ14世は、あの子にはだまされたよとこぼしたと伝えられる。

シャルトル公とブロワ嬢の婚礼の際の舞踏会のしつらえ：シャルトル公フィリップは王弟オルレアン公フィリップ１世の息子で、のちにルイ15世の摂政をつとめることになる。ブロワ嬢とは王とモンテスパン侯爵夫人の娘、フランソワーズ・マリー・ドゥ・ブルボンのこと。1692年２月18日の舞踏会では、マルスの間が会場として用いられた。この頃、窓と向かい合った南側の壁面に開口部があけられ、その向こうにオーケストラのためのスペースがあった。

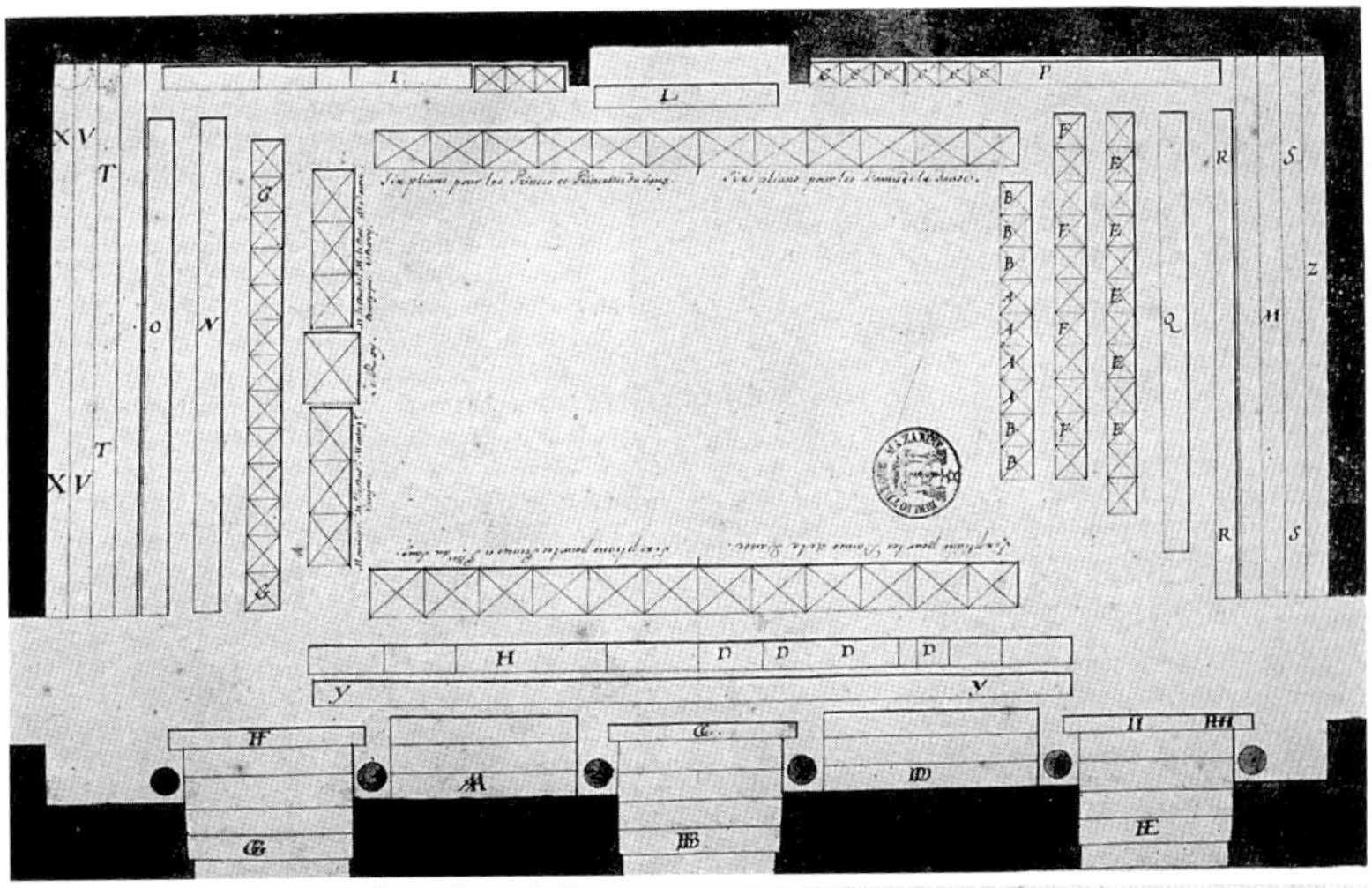

ブルゴーニュ公の婚礼の際の舞踏会のしつらえ：1697年12月11日の舞踏会では、会場として鏡の間が用いられた。ブルゴーニュ公は王の嫡孫で、お相手はマリー・アデライード・ドゥ・サヴォワ。アウクスブルク同盟戦争ではフランスと戦ったサヴォイア公国だが、ハプスブルク家の皇帝以外は戦いにうみ疲れており、サヴォイア公も皇帝を見かぎってフランス王家と縁組みする決断をした。このサヴォイアからきたブルゴーニュ公妃をルイ14世はたいそう気に入り、多少のいたずらは大目にみたという。

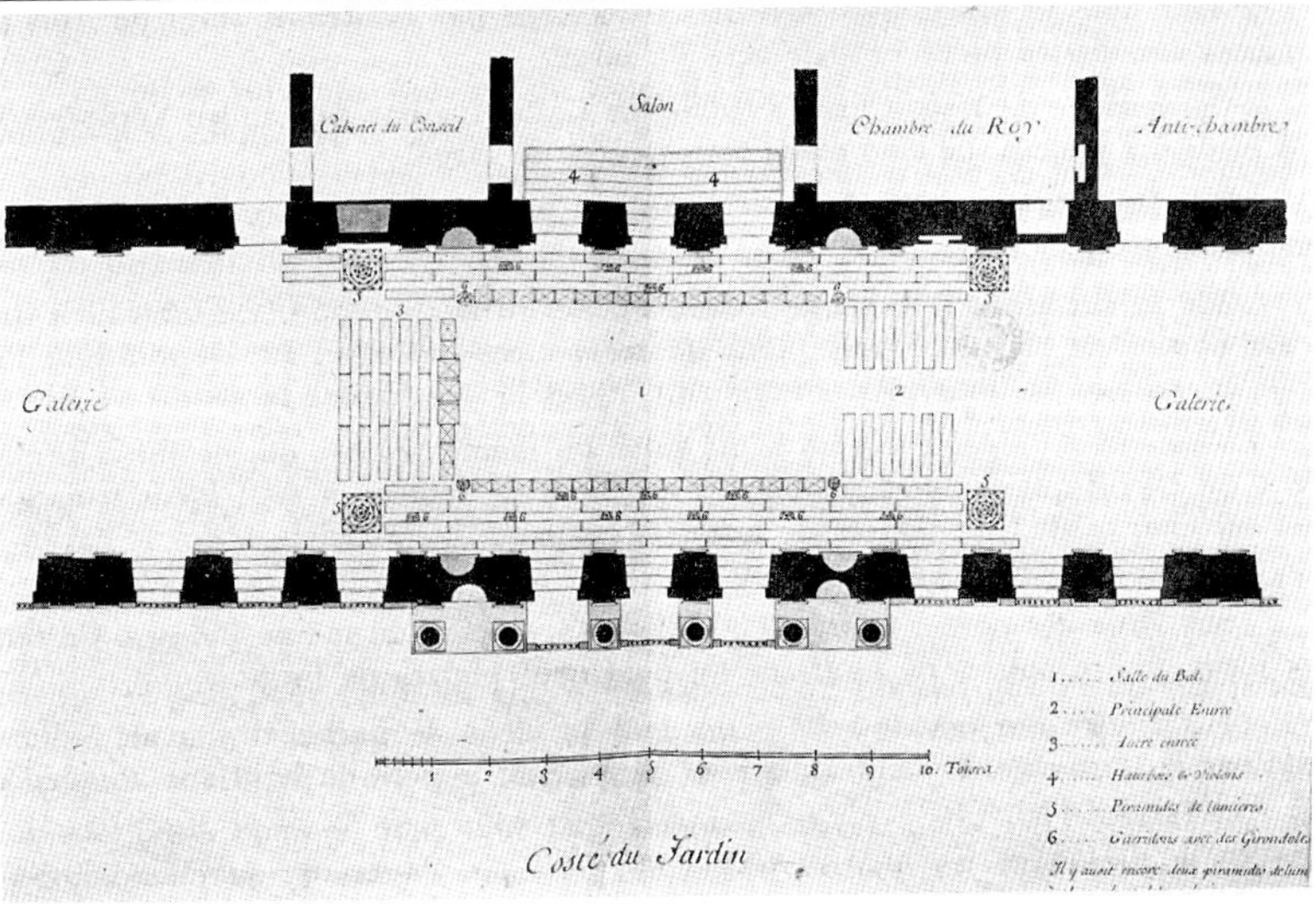

ユ宮殿のなかでもっとも格式高く公の性質をもった空間となった。

たとえば、鏡の間における一六八五年五月一五日のジェノヴァ元首一行への謁見と、ルイ一四世最晩年の一七一五年二月一九日のペルシア使節謁見がある。ともに図像史料が残っており、それらをみると、王から向かって右側に鏡がみえていることから、玉座は平和の間のアーチを背にするかたちで配置されたということがわかる。

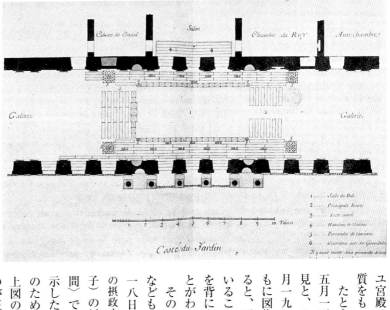

そのほか、王族の結婚を言祝《ことほ》ぐ舞踏会などもここで開かれた。一六九二年二月一八日、シャルトル公フィリップ（のちの摂政オルレアン公）とブロワ嬢（王の庶子）の婚礼に際して舞踏会が〈マルスの間〉でおこなわれた。その席の並び方を示したものも残っている。当時は楽士席のためのアルコーヴがしつらえてあった。上図の左側前列中央のひとまわり大きいのが王の席である。

また、ルイ一四世の嫡孫ブルゴーニュ公ルイとサヴォイア公国のマリー・アデライード姫の婚礼のとき、一六九七年一二月一一日にも鏡の間で第一回の舞踏会が開かれた。その席の並べ方をあらわした図が残っている。中央の空いているところで舞踏を披露し、その左側に見える三席の少し大きめの席にはルイ一四世とイングランド王夫妻（フランスに亡命していたジェイムズ二世とメアリー・オヴ・モデナ）が座った。

舞踏会場の四隅には〈光のピラミッド〉があり、オーボエと弦楽器からなる楽団の楽士席は、大理石の前庭に面した中央の広間に設けられた。一七〇一年に王の寝室に改装されるまで、表面に鏡を張った三連のアーチ開口部を両開きにすると、この中央広間と鏡の間を一体となった空間にすることができた。

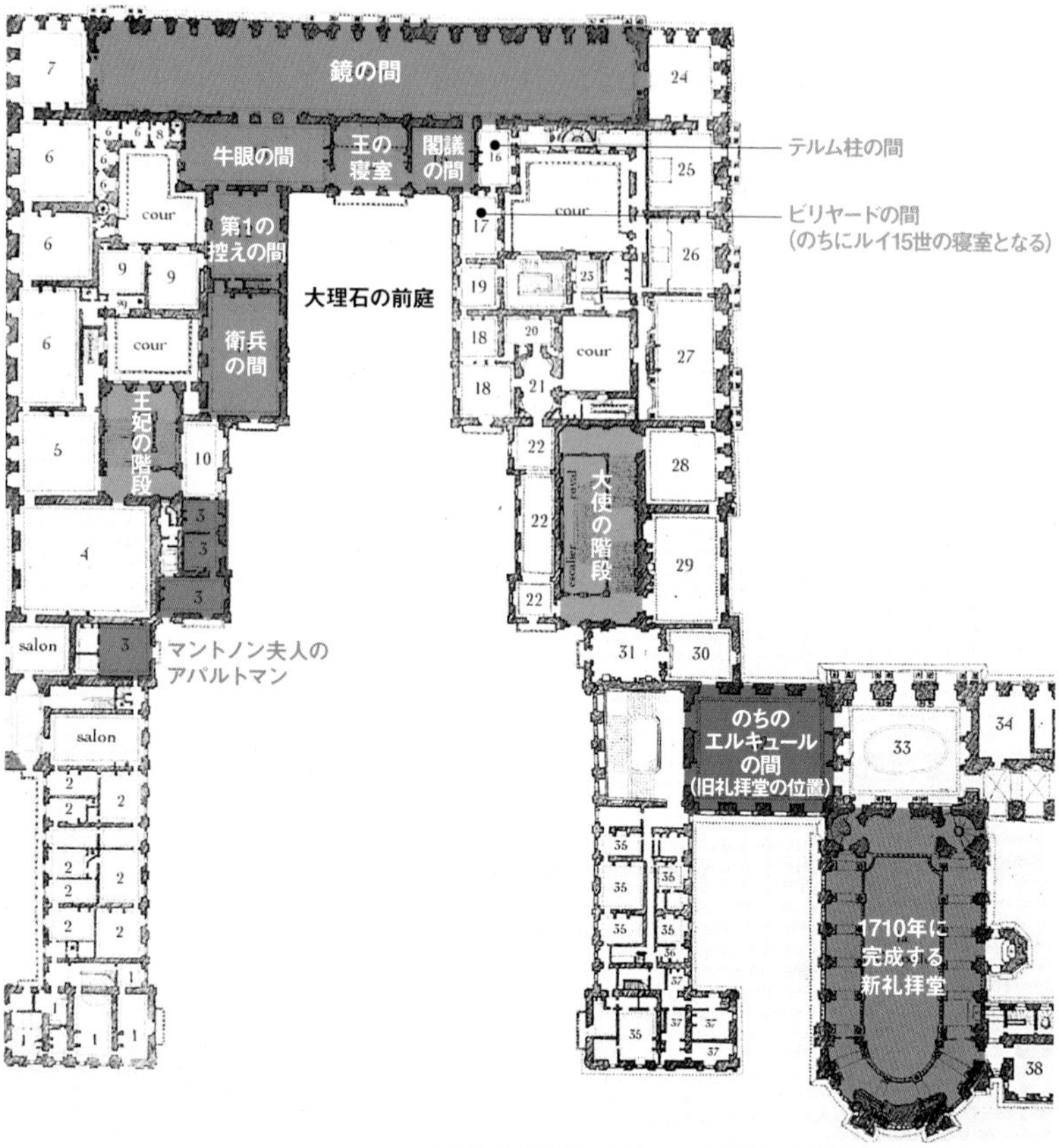

1701年の王のアパルトマン改装後の新城館２階平面図：モルタンによる1709年頃の銅版画。1701年、ルイ14世は自らの寝室を宮殿の心臓部に移すことを決断した。衛兵の間と第１の控えの間が位置する小城館の南翼は、1684年にここに王のアパルトマンが移されたときに幅を広げられている。これは、従来の幅のままでは衛兵の間に十分な広さを確保できないためだと思われる。

宮廷の中枢としての寝室

一方、〈王のアパルトマン〉では日常の宮廷儀式がつつがなくおこなわれつづけた。新しい王のアパルトマンは、〈衛兵の間〉〈第一の控えの間〉〈第二の控えの間〉（バサン［バッサーノ］の間）〈寝室〉からなっていた。このとき、衛兵の間に必要な広さを確保するために小城館の南棟の幅が拡張された。一階のこの部分の平面図を見ると、小城館南東のかつての壁面がまだ残っていて、新たな壁面とのあいだは通路となっている。

一七〇一年にはバサンの間と寝室の間の仕切り壁が撤去されて一室の大きな広間となり、これが第二の控えの間、別名〈牛眼の間〉となった。そして、寝室は大理石の前庭に面した中央の広間にうつされ、まさに宮殿の中心を占めることとなった。

寝室は単なるベッドルームではなく、宮廷の中枢だった。そこではフランス王国の家長としてのルイの姿が象徴的に示された。とりわけ、起床の儀（Lever）

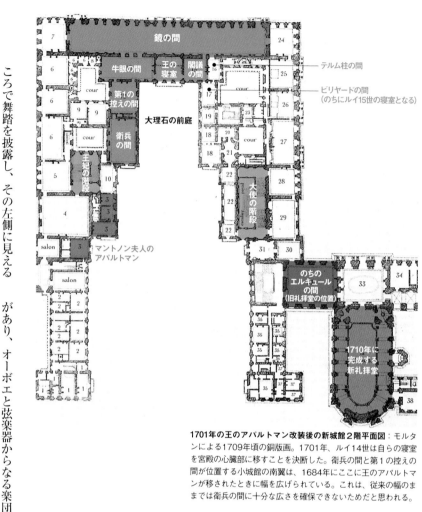

王の寝台：王がひとりになるのはこの寝台のなかだけであった。寝台の上方の天井湾曲部には王の眠りを見守る「フランス」を擬人化した女性の彫像がみられる。かつての王のアパルトマンとは対照的に天井にはほとんど何も装飾がない。

と就寝の儀（Coucher）は重要であり、六種類の入室特権に応じて寝室に入室する順番が定められた。すなわち、王族入室特権（entrée familière）、大入室特権（grand entrée）、第一入室特権（première entrée）、寝室入室特権（entrée de la chambre）、第五、第六の入室特権である。その結果、宮廷人たちが序列づけられて、そこでくりひろげられた儀式のなかで生身の彼自身が生ける神となりおおせた。

入室特権の授与だけではなく、これら儀式のなかで貴族たちに着替えを手伝わせたり燭台《しょくだい》を持たせたりして、私的行為までも宮廷社会の位階《いかい》操作という公的性質をもったものへと変容させることにより、王の貴族支配を明白なものとしたのである。

このように、宮廷儀礼が権力分布の象徴的機能を担っていた以上、威信的性格がきわめられるようになっていき、その厳密さには細心の注意がはらわれた。

起床の儀

王の一日はこの起床の儀からはじまる。侍従長《じじゅうちょう》(premier valet de chambre)の「陛

宮廷礼拝堂でのミサ：1710年にアルドゥアン＝マンサールの新しい礼拝堂が完成するまで、礼拝堂は現在のエルキュールの間の真下にあって、1階から2階まで吹抜けとなっていた。2階のバルコニーにはテルム柱がほどこされ、これらが天井を支えているようにみえる。王の席はこのバルコニーに設けられた。

下、お時間でございます（Sire, voilà l'heure.）」の声とともに、季節によって異なるが、王は七時半から八時半に起床した。

侍従長はいつでも王に近づいて話をすることができ、それだけ王の信頼も厚かった。アレクサンドル・ボンタン（1626～1701）がその任にあたっていた。その侍従長は王が起床する三〇分ほど前には起床して、そのほかの侍従とともに灯り

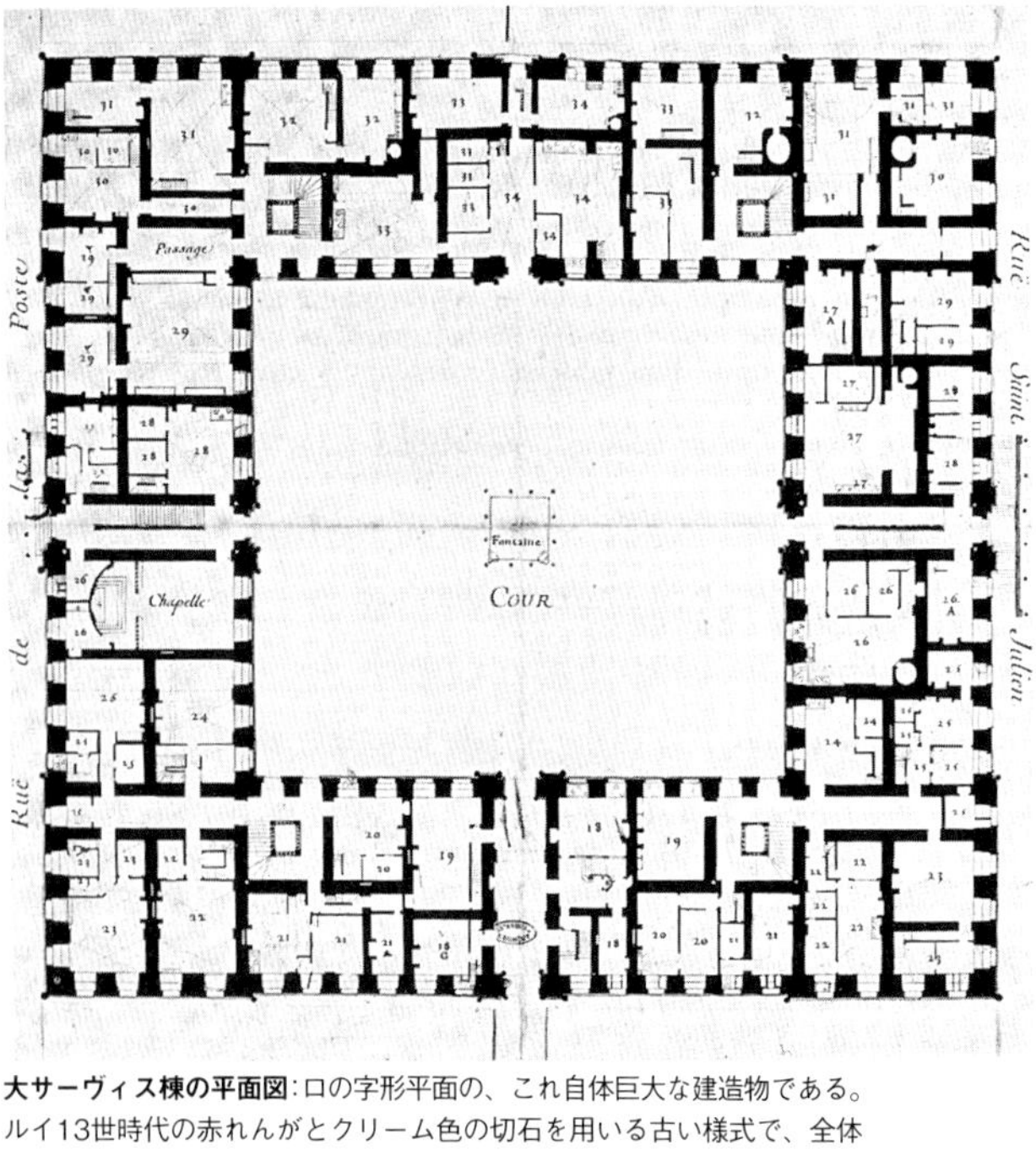

大サーヴィス棟の平面図：ロの字形平面の、これ自体巨大な建造物である。ルイ13世時代の赤れんがとクリーム色の切石を用いる古い様式で、全体の調和をとることが意識されている。

を点したり、侍従が王のそば近くで寝るための簡易寝台や、王の夜食の食べ残しなどを片づけたりする。

　ついで、王の首席医師と同外科医が入室し、王の健康状態を確認する。王の寝台の厚いカーテンが開くのはそのあとである。侍従長ほか王のそば近く仕える人びとをのぞいて、第一に入室を許されるのは王族たちである。これを王族入室特権という。彼らとともに朝の祈りが捧げられる。隣の広間に司祭がいて、皆そちらを向くが、王だけはまだ寝台のなかにいる。

大膳式による王の食事：小膳式による食事の場合、席に着くことができたのは王のみだった。その場にいるもっとも身分の高い人物、多くの場合は王太子が王に給仕した。それに対して大膳式では王族たちも席に着いた。

　つぎに大入室特権を許された人びとが入室する。王の理髪師と鬘師《かつらし》が入室し、王は鬘を選ぶ。ここまでで約一時間経過している。ついに王は寝台から出て、スリッパをはき、部屋着を着て、暖炉脇にある肘かけ椅子に腰かける。ナイトキャップを取り、理髪師が王の洗顔にかかる。もしこの場にいる幸運に恵まれたならば直訴のチャンスである。ここまでを起床の小儀（petit lever）という。

　つぎの入室特権をもつ大勢の者が入室し、起床の大儀（grand lever）がはじまる。このとき、王はおまる（chaise d'affaires, chaise percée）に座って用を足していることもあった。王は席に戻ると洗顔を終え、選んだ鬘をかぶる。このときの鬘はそれほどおおげさでない「起床の鬘」である。

　さらに次の入室特権をもつ者が大勢入室し、王は朝食をとる。といってもブイヨンくらいであるが。朝食をはじめる頃には起床から一時間半ほど経っている。その後、二日に一回くらいの割合でひげを剃らせる。

　そして、起床の儀のクライマックスがくる。王の着替えである。夜の部屋着を脱ぐのは自分でやるが、着替えのシャツを王に差しだすのは、その場にいる王に継ぐ最高位の人物の役目であった。すなわち、王太子ルイ、彼がいなければブルゴーニュ公や王弟フィリップが王にシャツを手わたすことになっていた。ルイは椅子に座ったまま巧みに着替えたという。

　タイを自ら締めると、王の時計師が時計のねじを巻いて王に差しだす。祈禱台で神に祈りを捧げ、祈りを終えると鬘を通常の威厳のあるものに替えて、執務室に行き指示を下す。

　一〇時をまわると鏡の間へと抜け、「皆さん、陛下です（Messieurs, le roi.）」のかけ声とともに待ち受けていた宮廷人たちが王にお辞儀（révérence）をし、一同列をなして大アパルトマンを通って宮廷礼拝堂に向かう。この間は王に直訴したい人びとにとっては大チャンスでもあった。

ミサ

新しい王のアパルトマンが使われるよ

うになってから一七一〇年にアルドゥアン＝マンサールの礼拝堂が完成するまで、宮廷礼拝堂は現在のエルキュールの間の真下の位置にあった。なお、北隣にはティスのグロットがあったのだが、南の翼棟の建設にともない一六八四年に取り壊されてしまった。

一階から二階にかけて吹抜けの空間となっていて、二階の大アパルトマンから礼拝堂二階のバルコニーに行くことができた。王の席はこの二階のバルコニーにあった。とりわけ、マントノン夫人の影響を受けてからは王はミサに熱心に参列した。

会議と昼食

王が起床して三時間ほど経つころになるとミサが終わり、閣議の間で最高国務会議（Conseil haut d'État）、財政国務会議（Conseil d'État des finances）など各種の国務会議に臨むこととなる。木曜日だけは国務会議は開かれなかった。この木曜日に王は建築家や造園師を召して話をしたようだ。

一三時を回ると閣議の間を出て昼食（dîner）に向かった。場所は、王妃が亡くなるまでは自らの寝室、その後は王太子妃のアパルトマンの控えの間が多かった。そこでは王だけが座り、王太子も含めて他の者は立ったままという小膳式（petit couvert）の形式をとった。

食事は、王族の住まう南の翼棟（Aile du Midi）のすぐ東側にある、ロの字形平面の大サーヴィス棟（Grand Commun）からはるばる運ばれてきた。むろん、料理が冷めないよう皿の上には金属製のおおいがかけられた（couvert）。これが王の食事をさす言葉の語源となったのである。王はたいへんな大食漢だったと伝えられるが、常に皿の上のものをすべてたいらげたわけではない。古式ゆかしくフォークを使わず、ナイフと手だけで食したという。

ビリヤードや各種ゲームに興じる貴族たち：〈アパルトマンの夜会〉でもこれらの遊興が各広間でくりひろげられた。

軽食を楽しむ貴族たち

column

❾ 王のトイレはどこに？

ヴェルサイユ宮殿にはトイレがないという話がある。しかし、実際にはそんなはずはない。ルイ一三世の小城館とル・ヴォーの新城館の結合点近く、二棟の城館のあいだに挟みこまれた中庭に面したところに、「キャビネ・ドゥ・シェーズ」と呼ばれる小さな部屋があった。シェーズとは普通名詞の「椅子」のことだが、ここではシェーズ・ダフェール、あるいはシェーズ・ペルセ（貫かれた椅子）のことで、実はこれがルイ一四世専用のトイレ座椅子だったのである。

ただし、ヴェルサイユに集う人数に対してまったく数が足りなかったのは事実で、これが「トイレがない」という誤解につながったのだろう。

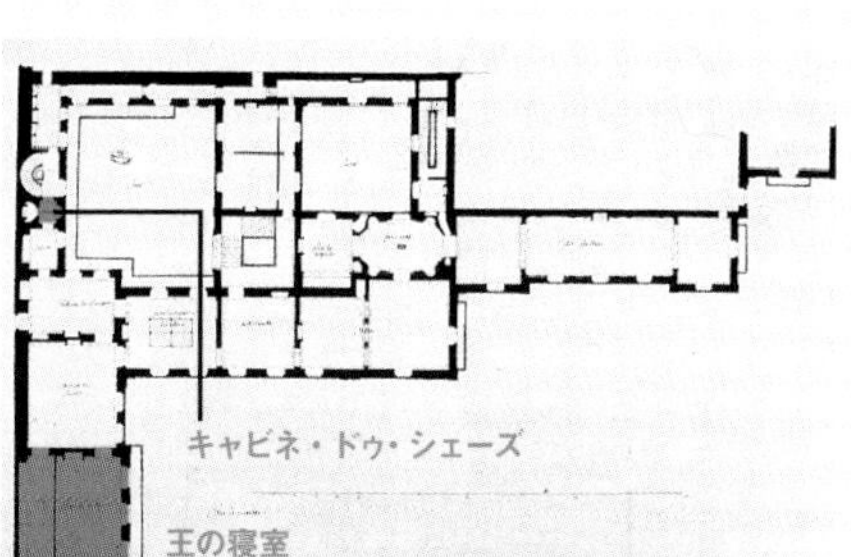

王の私的アパルトマンの平面図（上が北）：ここはルイ14世の治世下さまざまな改装工事がおこなわれ、さらに彼の後継者たちも思い思いに改装工事をくりひろげていったので、現在ではルイ14世時代の様子をうかがうことは困難である。

1692年のトルーヴァンによる銅版画：ビュフェ棚にさまざまな食事が提供されている。

夕食まで

昼食が終わると狩や庭園の散策に出かけた。王は自らの庭園をたいそう気に入っていた。老齢となってからは、車椅子や馬車の力を借りてまでも、庭園散策をひんぱんにおこなった。

この際、小城館二階の王のアパルトマンから、小城館内の小さな螺旋《らせん》階段で大理石の前庭に降りてくることになり、もし王と一緒にこの階段を降りることがかなえば、やはり直訴の大チャンスとなった。

城館に戻ると、自分のアパルトマンに戻って政務をとることもあれば、マントノン夫人のアパルトマンを訪ねる場合もあった。マントノン夫人のアパルトマンは小城館南棟の東側に延長された翼棟に入っていて、小城館南棟と新城館南棟の間に建設された王妃の階段を挟んで、王のアパルトマンの入口の向かいにあった。王はここで政務をとることもあったという。そして、冬期は五時、夏期は六時くらいに礼拝堂におもむいて夕べの祈りを捧げた。このときも直訴したい者にとっては大チャンスだった。

多くの宮廷人たちが心待ちにしていたのが、一〇月から復活祭の時期に週三回、夜七時から一〇時まで開かれた〈アパルトマンの夜会〉だった。ディアーヌの間ではビリヤード、マルスの間ではカード・ゲームなどの賭け事がおこなわれ、宮廷人たちにとって気晴らしとなるさまざまな催しものが開かれた。

夜一〇時になると王は夕食（souper）をとることとなる。夕食は大膳式（grand couvert）の形式でおこなわれ、王太子をはじめとする王族たちも席についた。夕食は昼食よりも量が少なかった。また、昼食とちがって、夕食に、立ったままであっても参加できることは特権とみなされた。

夕食は、王太子妃や王孫妃が存命だったときは、新城館南棟の王妃のアパルトマン（むろん、当時にあっては王太子妃のアパルトマンなどのように呼ばれていたはずである）の控えの間でとられることが多かったが、彼女たちの死後は王のアパルトマンの第一の控えの間が使われるのが通常だった。

就寝の儀

一一時を回らないうちに、すべての宮廷儀礼を締めくくる就寝の儀が王の寝室でおこなわれ、一一時すぎには王は眠りについた（宵っぱりだったといわれているが）。就寝の儀は起床の儀の逆をなぞるようにおこなわれるが、夜間の儀式ならではのハイライトもあった。すなわち、燭台を掲げもつ役を指名する瞬間である。これに指名されることは就寝の儀においてこのうえもない恩恵とみなされていた。

このようにして王の一日は儀式にはじまり儀式に終わる。王がひとりになるのは寝台の厚い帳《とばり》のなかだけである。王が寝台に入ると侍従のひとりが自分用の簡易寝台を持ちこむ。この簡易寝台は王が寝台を出る前に片づけられ、懐中時計があれば王がどこでなにをしているのか手にとるようにわかるという生活がふたたびはじまるのである。

column ⑩ 貴族たちはどこに住んでいたのか？

多くの人と馬、馬車も収容

一六八〇年代以降、ヴェルサイユで宮廷を営むことが多くなってくると、多くの貴族たちや官僚たちをヴェルサイユに収容する必要が出てきた。この要求にこたえるために、ジュール・アルドゥアン＝マンサールは二棟の閣僚の翼棟（一六八〇年頃まで）、南の翼棟（一六七八〜八二）、北の翼棟（一六八五〜八九）などを建設した。

また、パリやそのほかの地からヴェルサイユを訪ねる多くの人の交通の足となる馬車や馬を収容するために、大厩舎と小厩舎も建設された（一六七九〜八二）。

南の翼棟には王族たちのアパルトマンが設けられた。二階の主要階の各アパルトマンを結ぶ廊下は現在もみることができるが、アパルトマン群そのものは、ルイ・フィリップ一世王によって〈戦争のギャラリー〉へと改装されて姿を消した。

住むこと自体が名誉

宮廷貴族たちが住むことを許されたのは、北の翼棟の各アパルトマンである。小さな部屋が連なる、あまり快適ではない居住空間だったようだが、それでもヴェルサイユに住むことを許されるのは大変な名誉だった。

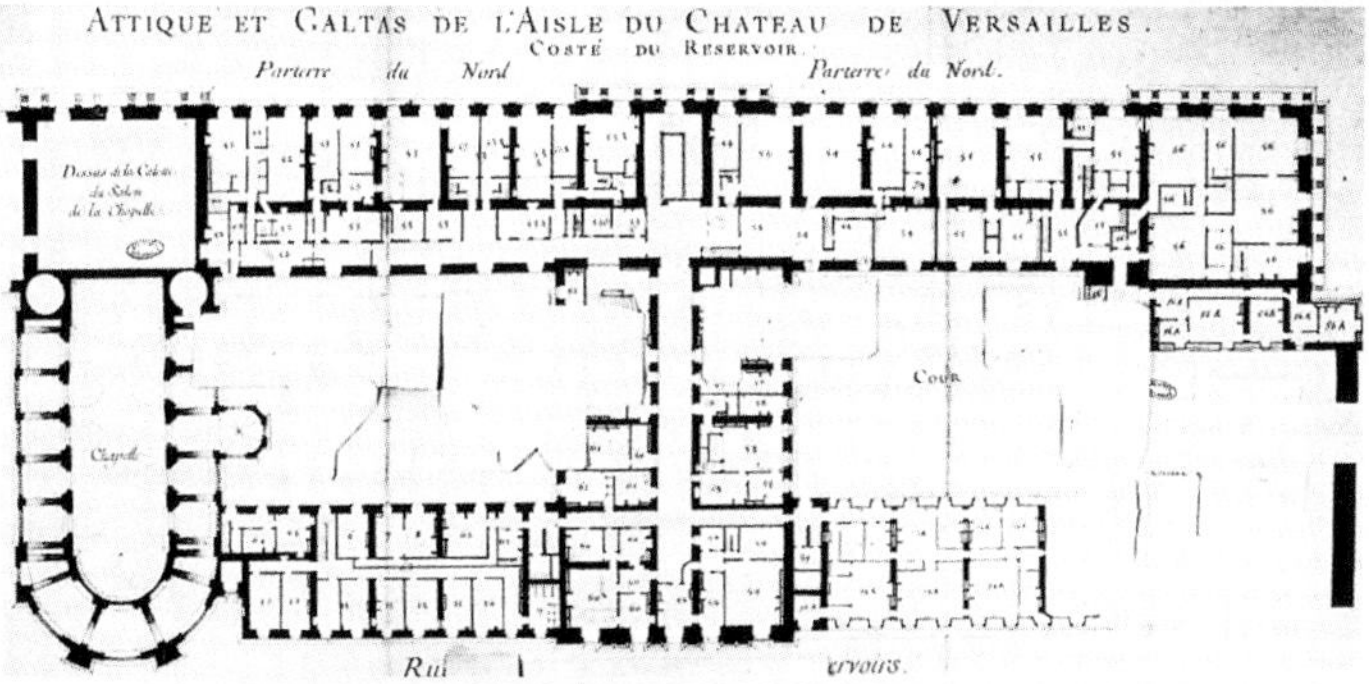

北の翼棟３階の平面図（上が西）：宮廷貴族たちの住まいは、北の翼棟の各アパルトマンである。小さな部屋が連なる、あまり快適ではない居住空間だったようだが、それでもヴェルサイユに住むことを許されるのは大変な名誉だった。

column

⓫ トリアノン宮殿とマルリー宮殿

くつろぎの館

儀式の支配する空間となった一六八〇年代以降のヴェルサイユは、宮廷人たちにとって息のつまる空間だったといわれている。これは王にとっても同様だった。死ぬまで王の役割を真摯《しんし》に演じつづけたルイ一四世だったが、たまには休息の時も必要だった。彼にそのようなくつろぎの場を提供したのは、トリアノン宮殿とマルリー宮殿である。

マルリー宮殿と庭園

磁器のトリアノン

トリアノン宮殿はもともと、愛妾モンテスパン侯爵夫人のために、ヴェルサイユ宮殿付属庭園内の離宮として建てられた。一六七〇年の冬、王の首席建築家だった故ルイ・ル・ヴォーの設計、その助手フランソワ・ドルベの施工で急造され、翌春には完成した。

磁器に覆われているという南京のパゴダ（仏塔）に想を得たもので、直接には一六六五年にオランダのレイデンで出版された『オランダ共和国東インド会社使節団』（仏訳書名：“*L'Ambassade de la Compagnie orientale des Provinces-Unies*”）の挿し絵の影響を受けているともいわれている。そのため、〈磁器のトリアノン〉（Trianon de porce-laine）と呼ばれた。

だが、一七世紀の東洋趣味建築の代表例といえるこの宮殿も、急造がたたって一六八六年に取り壊され、その跡地にはジュール・アルドゥアン＝マンサールの設計で〈大理石のトリアノン〉（Trianon de marbre）が建

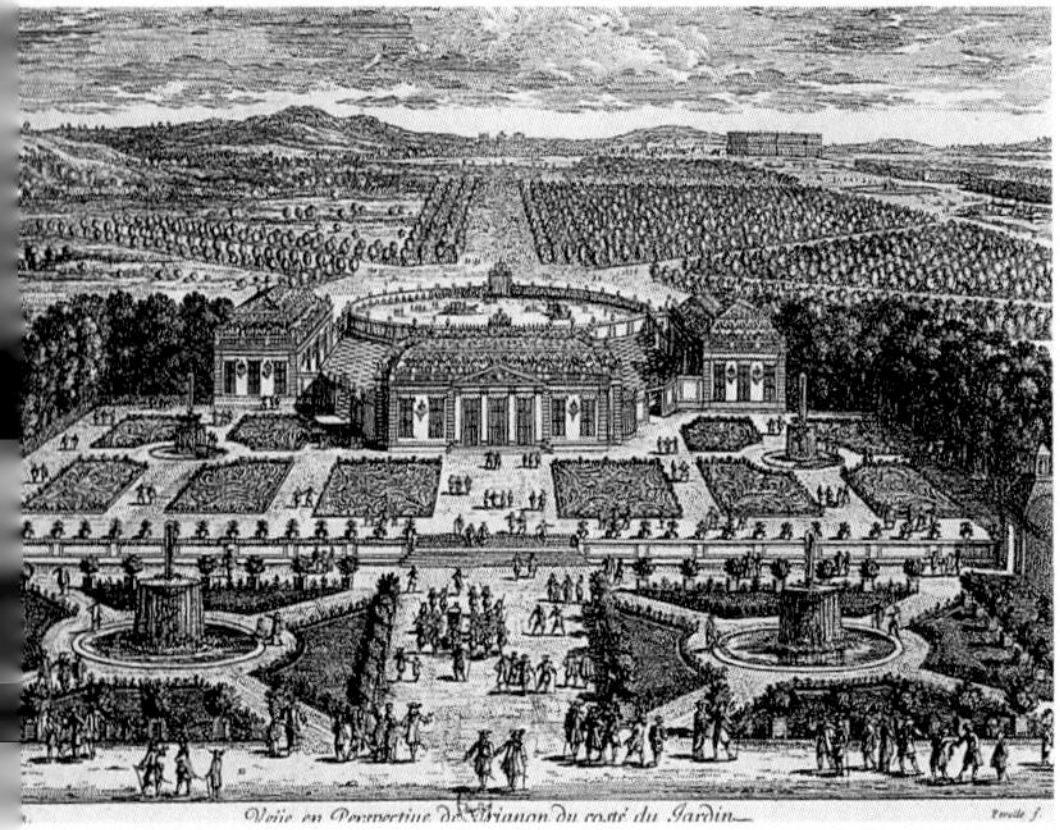

磁器のトリアノン

大理石のトリアノン

造された。これが現存する〈大トリアノン〉（Grand Trianon）である。

大トリアノンの名は、一七六一年から一七六八年にかけてルイ一五世の愛妾ポンパドゥール侯爵夫人のために建てられた小トリアノン（Petit Trianon）と対になるもので、小トリアノンができて以降の呼び名である。したがって、ルイ一四世治世当時は、単に〈トリアノン〉と称したはずである。王はマントノン侯爵夫人らとともにトリアノンで家族水いらずの時をすごしたという。

マルリー宮殿

それに対してマルリー宮殿への滞在は、宮廷社会の運営上の意味を帯びることもあった。すなわち、マルリーに貴族たちを招待することで、その貴族たちに宮廷社会における特権を与えることになった。

マルリー宮殿はフランス革命時に取り壊されて現存しないが、残された図面や当時の絵画からその様子をしのぶことができる。王が滞在する中央の建築物は太陽神アポロンの主題に捧げられた建築であり、その面前に広がる大きな池の両側には黄道十二宮をそれぞれ象徴する付属棟が一二棟配置され、招かれた貴族たちが滞在した。

中央の主棟は、一六世紀後半のヴェネツィア共和国で活躍した建築家アンドレア・パラーディオの名作ヴィッラ・カプラ、通称ヴィッラ・ラ・ロトンダの影響を受けた設計といわれており、フランスでは多くないパラディアニズム（パラーディオ主義）の作例と考えられている。

ファサード装飾および室内装飾は、王の首席画家シャルル・ル・ブランとそのチームの手になる。当時の銅版画では、ジャイアント・オーダーの技法によるコリント式ピラスターがほどこされているようにみえるが、実はこれ、ル・ブランらの絵筆によるもので、一種のだまし絵である。ル・ブラン晩年の建築装飾の傑作といえよう。

第9章

ロココの誕生

戦争と経費節減

王妃の階段：新城館北翼には大使の階段という宮殿のメイン階段があったが、1752年に取り壊されてしまった。新城館南翼にある王妃の階段は、規模は大使の階段の半分程度だが、色大理石をふんだんに用い、２階部分にトロンプ・ルイユ(だまし絵)の技法で奥行きある空間を演出するなど、大使の階段の豪壮な雰囲気を伝えている。

内装の変化

一六八〇年代に整えられた新しい王のアパルトマンの内装は、一六七〇年代に仕上げられた以前の王のアパルトマンのものとは大きく異なっていた。最初の王のアパルトマンでは、ル・ブランによるイタリア・バロック的な華やかさをもつ天井画が描かれ、壁面にはさまざまな色大理石やビロードのような高価な材料が用いられて、人件費のうえでも材料費の

王の寝室：ここにいたって金色の割合が白色を圧倒する。王の寝台は手すり壁によって隔てられている。この手すり壁の内側に入ることができた者はほとんどいなかった。1715年９月１日、ルイ14世はここで崩御した。あと４日生きていれば77歳だった。

衛兵の間：新たな王のアパルトマンの天井には、寝室も含めて、絵画、装飾がほとんどみられない。とりわけ王のアパルトマンの最初の広間である衛兵の間はきわめて簡素な装飾しかほどこされていない。唯一、ジョゼフ・パロセルの戦争画だけが装飾らしい装飾である。

第１の控えの間：パロセルの戦争画はここでもみられる。王が毎晩10時に大膳式による夕食をとったのがこの部屋である。ミシェル・リシャール・ドゥ・ラランドの「王の晩餐のためのサンフォニー集」が演奏されたのはこのような機会であった。

第２の控えの間（牛眼の間）：1701年にバサン（バッサーノ）の間と呼ばれた第２の控えの間と寝室を統合してひとつの広間に改装したものである。天井周辺の湾曲部に子供たちが遊んでいる姿が金色の浮彫で表現されていて、晩年のルイ14世の嗜好を垣間見ることができる。

うえでも贅《ぜい》がつくされていた。調度品もル・ブランのデザインによる銀製のもので、めくるめくバロックの華麗な宮廷を演出した。

しかし、新しい王のアパルトマンは、天井画も描かれないのでヴォールト天井もまっ白なまま、壁面には白く塗った木製のパネルを用いるという質素なものだった。すなわち、人件費の面でも材料費の面でも最初の王のアパルトマンのそれとは比べるべくもない。宮殿にふさわしい華やかさを添えるためになされたことは、いくばくかの絵画を壁面に掛けたことと白色パネルを金色で縁どったことくらいである。

ただ、〈衛兵の間〉から〈寝室〉へと歩みを進めるにつれて金色の割合が増えていき、寝室（一七〇一年にしつらえられたもの）まで至ると、コンポジット式ピラスター（片蓋柱）が金色にきらめく輝かしい室内空間となる。しかし、それでも天井はまっ白のままだし、材料が木材である以上、かつての寝室アポロンの間ほどお金がかかっているとはいえない。

この変化はなにに由来するのだろうか。ここで一六八三年という年に注目してみると、七月三〇日に王妃マリー・テレーズ崩御、九月六日にコルベール薨去、一〇月九日にマントノン侯爵夫人と秘密結婚、という重要な出来事が並んでいる。

ルイ一四世はマリー・テレーズ存命中からさまざまな愛人たちと浮き名を流した。とりわけ著名なのは一六六〇年代の王弟妃アンリエット・ダングルテール、ラ・ヴァリエール公爵夫人、一六七〇年代のモンテスパン侯爵夫人、一六八〇年代以降のマントノン侯爵夫人である。イングランド王室から迎えたアンリエットは別格として、あとは公爵夫人や侯爵夫人の称号があっても、王位の前にはとりたてて身分が高い家柄の出とはいえない。

このなかで、一六八三年に王妃が亡くなったときの愛人はマントノン夫人だった。もちろん、正式に王妃に冊立《さくりつ》できるような身分ではなかったため、公にされることはなかったが、王の愛を受けて結婚することとなったようである。このマントノン夫人、派手好きなモンテスパン夫人などと比べるとても質素で、また、ルイ一四世の母アンヌ・ドートリッシュのようにカトリック信仰に篤い人物だった。ラシーヌも彼女とその女学校の生徒のために『アタリー』と『エステル』という旧約聖書に題材を採った宗教劇を書いている。

王妃マリー・テレーズ：1638年９月10日、マドリードにて生まれる。ハプスブルク家のスペイン王フェリペ４世の娘であり、フェリペ４世の跡を継いだカルロス２世の姉。ルイ14世と彼女の孫であるアンジュー公フィリップは、フェリペ５世としてスペイン王に即位した。あまり美人とはいえず、フランス語もそれほど話せなかったといわれている。1683年７月30日崩御。

アンリエット・ダングルテール：1644年６月16日、イングランドおよびスコットランドの王チャールズ１世の娘として生まれた。イングランドからフランスへ王弟妃として迎えられた美貌の姫だったが、男色という噂のある王弟は彼女にあまり関心を示さず、代わりにといってはなんだが兄の方が接近した。1670年６月30日に急死した。

ラ・ヴァリエール公爵夫人：本名ルイーズ・フランソワーズ・ドゥ・ラ・ボーム・ル・ブラン。1644年にトゥールに生まれ、1710年、パリにて没した。アンリエットのお付きの侍女のひとりであり、当初はルイとアンリエットの仲のカムフラージュと考えられていたが、そのひかえめな純情さから王の心をとらえ、やがて愛をはぐくむこととなる。

マントノン夫人の影響?とアウクスブルク同盟戦争

陰の王妃として隠然たる影響力を発揮して、一六八〇年代以降のヴェルサイユはいささか抹香《まっこう》くさい雰囲気になったという説もある。映画『王は踊る』(二〇〇〇)でも、その終わりに近い箇所でくりひろげられるリュリのオペラのアンソロジー的映像の部分で、王のとりまきの変化が端的に表現されている。一六七七年の『イジス』では、モンテスパン夫人を中心とする服装も含めて華やかな雰囲気だが、一六八四年の『ゴールのアマディス』では、マントノン夫人を中心とする陰鬱な黒衣の集団が王を囲んでいるのである。

このようなマントノン夫人の影響からか、一六八〇年代以降、ヴェルサイユ宮

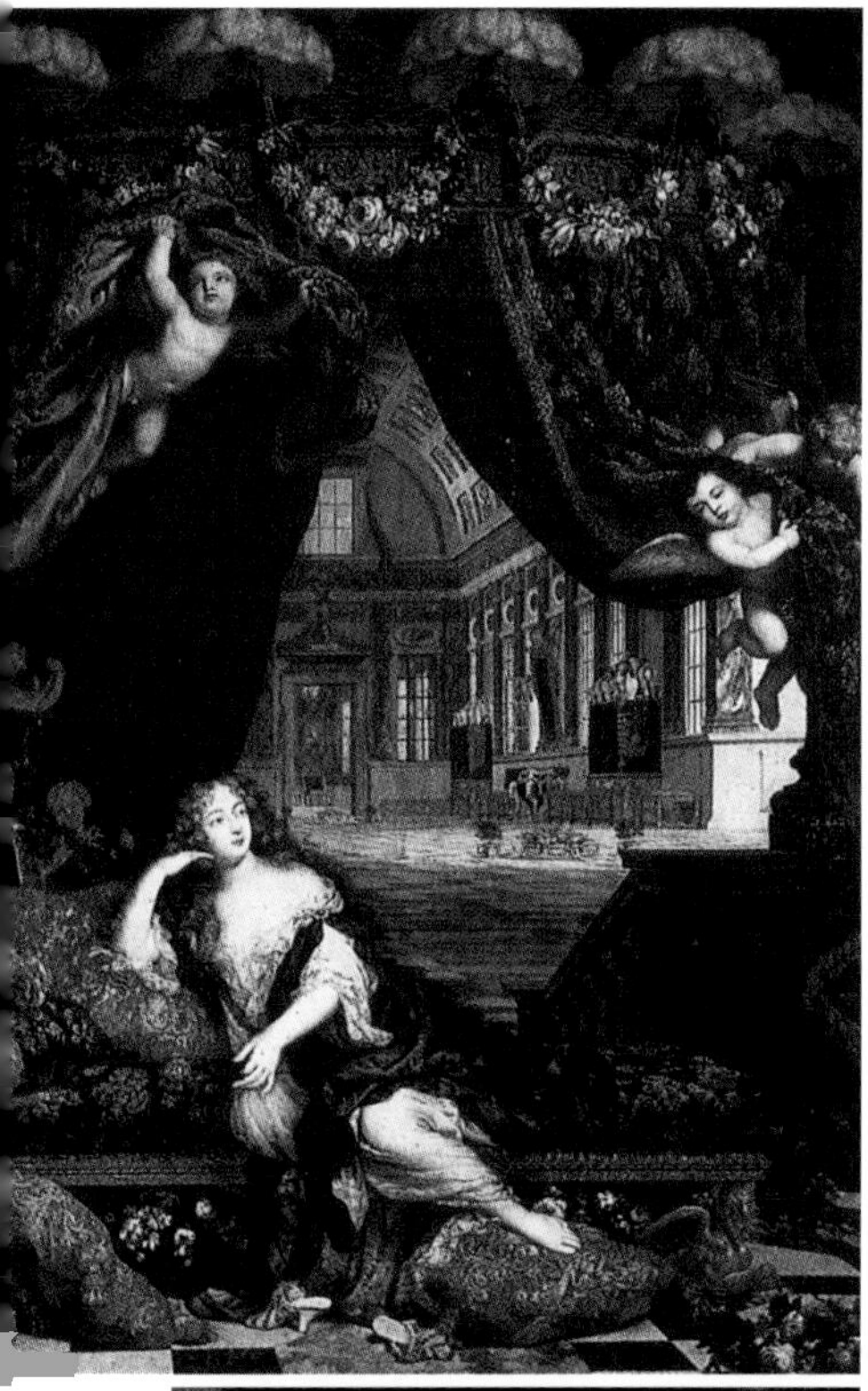

モンテスパン侯爵夫人：本名フランソワーズ・アテナイス・ドゥ・ロシュシュアール・ドゥ・モルトマール。1641年10月５日生まれ。1707年５月27日没。ラ・ヴァリエール夫人と王の子のお守り役だったが、そのセクシーな美貌で王を虜にした。野心あふれるキャラクターで1670年代の宮廷を支配した。

廷で華やかな祝典が開かれることはほとんどなく、王がイニシアティヴをとることもなくなった。おそらくは室内装飾の世界でも、七惑星の広間群や鏡の間のような、トロンプ・ルイユ（だまし絵）と色大理石のきらめく派手なバロック的世界は否定されたのではないだろうか。

　また、コルベールが亡くなったことにより、彼のライヴァルである陸軍卿ルーヴォワ侯爵フランソワ・ル・テリエがコルベールの子息を押しのけて王の建設総監となっており、王国の芸術をとりまく状況が変化したことも大きいだろう。

　とくにコルベールと近かった王の首席画家ル・ブランの権勢の凋落《ちょうらく》は重要な出来事であり、新しい王のアパルトマンの内装に彼のチームの天井画がほどこされなかったのも当然といえる。代わってルーヴォワお気に入りのピエール・ミニャールが台頭したが、小城館北棟の端にあった現存しない小ギャラリーの天井画を除いては、ヴェルサイユでは大きな仕事をしていない。

　さらに一六八八年にはヴェルサイユ造営に大きな影を落とす出来事があった。アウクスブルク同盟戦争の勃発である。この戦争でフランスはオーストリアとスペインの両ハプスブルク家、オランダのみならず、ドイツやイタリアの諸侯国、イングランドなど、ほとんど全ヨーロッパを敵にまわして戦った。

　戦費は逼迫《ひっぱく》し、大アパルトマンの純銀製調度品を溶かして銀貨にせざるをえない事態にまで陥っているし、アルドゥアン＝マンサールによって設計された、新しい宮廷礼拝堂の工事も中断を余儀なくされた。この礼拝堂が完成したのは王の晩年の一七一〇年のことである。

ロココ様式の時代へ

このような事情から、大理石に比べれ

マントノン侯爵夫人：本名フランソワーズ・ドービニェ。1635年11月27日生まれ。1719年４月15日没。著名な文人ポール・スカロンの未亡人で、王とモンテスパン夫人の子のお守り役だったが、信心深く、王に安らぎを与える女性であり、1683年に王妃が亡くなると秘密裏に結婚したという。

王の寝室のコンポジット式オーダー：コンポジット式(複合式)とは、イオニア式の渦巻装飾とコリント式のアカンサスの葉を複合させたオーダーで、もっとも装飾的で繊細なオーダーという位置づけである。

牛眼の間のパネルの装飾：とりわけ、中央の円形装飾には当時の職人たちの腕のさえがみられる。18世紀初頭の段階では円形という整った幾何学図形に則った装飾だが、やがて貝殻のような曲線を用いた非対称形のロカイユ装飾へと展開していく。

アルドゥアン＝マンサールの新礼拝堂内装：コリント式の円柱が立ち並ぶ新古典主義を予感させるインテリアである。

ば安価な木製パネルを基調とする内装が、いよいよ宮廷の室内装飾の主流となっていった。むろん、ただの白色木製パネルに宮殿にふさわしい華やかさを添えるには、職人芸によるこまやかな加工が必要である。当時は大理石などの高価な材料の対価に比べれば、職人の人件費はたいした額ではなく、材料費よりも職人技による手間をかける方が安上がりな面があった。

　ヴェルサイユの新しい王のアパルトマンでも、〈牛眼の間〉の各パネル中央の繊細な金色の木彫や、寝室の優美な装飾をほどこされた金色のコンポジット式オ

新礼拝堂のロベール・クリコ作のオルガン：オルガンは通常、入口上方に設置されるのだが、そこには王の席が設けられたため、祭壇上方に置かれた。フランソワ・クープランらの名オルガニスト（クラヴサン奏者としての方が著名だが）が腕をふるった。

ーダーのような、すばらしい職人芸の例があげられる。
パネルの中央や縁の部分に手の込んだ木彫をほどこすというこのような方向性は、室内装飾の世界に新たな可能性をもたらした。一七〇一年の牛眼の間の段階では、パネル中央の木彫も円形を基調とした整った造形だったが、寝室の北隣に位置する閣議の間の一七五五年の内装をみると、各パネルの中央や縁の部分の装飾が、魅惑的なカーブを描いた非対称なものとなっている。ルイ一五世の御代《みよ》は優雅なロココ様式の時代となった。

閣議の間のパネルの装飾：1755年に２室の広間を結合して１室の広間としたもの。アンジュ・ジャック・ガブリエルがデザインし、アントワーヌ・ルソーが鑿をふるった。

column

⑫

ロココ様式

ロカイユとロココ

〈閣議の間〉の各パネルにみられる、貝殻を思わせるような木彫装飾をロカイユといい、ロカイユを用いた内装様式のことをロココ様式という。ロカイユ（ro-caille）はフランス語で岩を意味するロック（roc）の派生語で、貝殻をぬりこめた砂利のようなもののこと。もともとは庭園の洞窟風装飾＝グロット（grotte）に用いられていた。

バロックとの相違点

バロックがあらゆる芸術分野を支配した時代を画する一大思考様式であるのに対し、ロココの用法はほぼファサード装飾、室内装飾や調度品に限定される。すなわち、両者は異なったレヴェルの様式概念である。このとらえ方に則るならば、ロココとは一八世紀フランス室内装飾における後期バロックのあらわれだといえる。

材料費が比較的安価なこともあって、ロココ様式は貴族や富裕な町人の住宅の室内様式として一世を風靡した。もちろん、フランス以外にも猛烈な勢いで伝播《でんぱ》し、とりわけドイツ語圏諸国ではフランス以上に派手なロココが花開いた。なかには、東洋から取り寄せた漆《うるし》塗りの板や螺鈿《らでん》細工、磁器のようなきわめて高価で貴重な材料を用いる例もあった。

ルイ14世：ここでは左手で建築図面を指していて、「建築王」として描かれている。

第10章

最後の輝き
マリー・アントワネットの小世界

ルイ一四世の威光

一七一五年九月一日、「王の職務」を熱心に演じつづけたルイ一四世は七六歳で崩御した。彼の晩年には身内で不幸がつづき、息子の王太子ルイ、嫡孫のブルゴーニュ公ルイとその妻マリー・アデライード、さらには曾孫のブルターニュ公ルイが天然痘や麻疹でつぎつぎに先立っていった。ブルゴーニュ公の弟ベリー公シャルルも一七一三年五月四日に狩の事故がもとで亡くなり、残った嗣子は五歳の曾孫アンジュー公ルイのみとなった。彼がルイ一五世として次代の王に即位する。

一八世紀の啓蒙思想家ヴォルテールの

ルイ15世がつくらせた寝室：1738年に真の寝室として、ルイ14世のビリヤードの間を改装してしつらえられた。

『ルイ一四世の世紀』によると、臨終の際、ルイ一四世は、おじいちゃんは戦争をしすぎたよというようなことを、この曾孫にもらしたという。

幼き王を助けるため、ルイ一四世の弟フィリップの跡つぎであるオルレアン公フィリップ二世が摂政に立った。オルレアン公は宮廷をパリに戻し、ヴェルサイユは空き家となるが、一七二三年にはヴェルサイユに宮廷が戻ってきた。これ以降、革命の勃発までヴェルサイユはブルボン王朝の宮廷所在地でありつづけた。だが、ルイ一四世の後継者たち、曾孫のルイ一五世とその孫のルイ一六世は、偉大な先祖の世界についてはいけなかった。

たとえば、一七三八年、ルイ一五世は王の私的アパルトマンの一室（〈現閣議の間〉の東隣の広間）にあらたな寝室を設けた。彼の治世になると、起床の儀や就寝の儀など、ルイ一四世によって重要な機能を付与された宮廷儀礼はすでに形骸《けいがい》化《か》しており、王自身もこれらの儀式がとりおこなわれる〈王のアパルトマン〉の寝室で眠るのが、いささかつらくなってきたのである。ルイ一五世は就寝の儀を王のアパルトマンの寝室で終えると、あらたな寝室に行って眠り、朝はこの寝室

アルドゥアン＝マンサールの閣僚の翼棟：政府が入った建築物である。1680年頃までに建設された。ル・ヴォー同様、アルドゥアン＝マンサールはルイ13世時代の古い様式に則って赤れんがとクリーム色の切石でデザインし、全体との調和を図っている。

から王のアパルトマンの寝室に「通勤」して起床の儀におもむいたという。

また、彼は愛人のシャトールー公爵夫人やポンパドゥール侯爵夫人などのために、ヴェルサイユの三階に私的なアパルトマンを設けていた。〈戦争の間〉の真上には愛人とくつろぐための自らの私的アパルトマンもしつらえた。ルイ一五世治世下のさまざまな増改築事業は、基本的に屋根裏や表から見えない中庭まわりで展開し、ルイ一四世が定めたヴェルサイユの輪郭にはほとんど手を入れることはなかった。

ルイ一五世のガブリエル棟

とはいえ、例外はいくつかある。一七三六年にはかつての礼拝堂の跡地に〈エルキュールの間〉が完成したし、一七五二年には〈大使の階段〉が取り壊されて、王の娘アデライード姫のアパルトマンが設けられた。

また、一七五五年に二室の広間を統合して整備された〈閣議の間〉、一七七〇年に竣工した付属劇場と一七七一～七二年にすすめられた、現在、ガブリエル棟と

ガブリエル棟正面ファサード：アンジュ・ジャック・ガブリエルの設計。コリント式のジャイアント・オーダー４本とそれらに支えられたペディメントからなる構成は、古代ローマ神殿建築の正面ファサードを思い起こさせる。右はアルドゥアン＝マンサールの礼拝堂。

ガブリエル棟内部の大階段：1752年に大使の階段が取り壊されて以来、大アパルトマンから鏡の間へと至る公的空間にアクセスする大階段はなく、礼拝堂脇の小さな螺旋階段を用いなければならなかった。ガブリエルはこの翼棟の内部に、大使の階段に代わるメイン階段を構想していたが、完成したのは実に1985年のことである。２階部分はイオニア式オーダーで装飾されている。

呼ばれている部分の事業などは、当時のフランス建築の第一人者であるアンジュ・ジャック・ガブリエル（1698〜1782）の手になる。ヴェルサイユに新古典主義（一三九頁参照）が到来したのである。

入口側から見たヴェルサイユの表情は、ルイ一三世時代の小城館の様式、すなわち、赤れんがとクリーム色の切石のツートン・カラー、あるいはスレート葺きの屋根の紺色も含めると三色を基調とする、ルイ一三世様式に則っていた。一六六一年から建設されたル・ヴォーの翼棟も、一六八〇年頃までに建てられたアルドゥ

ガブリエル棟側面ファサード：ガブリエルはルイ13世時代以来の赤れんがとクリーム色の石材からなる、にぎやかなツートン・カラーのファサードをすべて取り壊し、このデザインで前庭側のファサードを統一するつもりだった。もし実現していれば、絶対王政の殿堂としての威厳は増しただろうが、全体にやや単調なトーンになってしまったかもしれない。

アン＝マンサールによる二棟の閣僚の翼棟も、古い様式に調和するようにデザインされている。

しかし、ガブリエルは、ヨーロッパ一の宮廷の所在地であるこの宮殿の入口側ファサードが、小さな古い狩の館のデザインに支配されている状況を是とせず、一階は基壇仕上げで、二階と三階をコリント式のジャイアント・オーダーで装飾した、端正な新古典主義のファサードを構想している。結局、財政難などの理由により、現在の〈ガブリエル棟〉だけが完成し、その内部の大階段が完成したのは一九八五年のことだった。

宮殿付属劇場

一方、付属劇場は完成までこぎつけた。ルイ一四世がさかんに祝典をおこなっていた一六六〇年代から、ヴェルサイユに常設の劇場を設けようというアイデアは存在したが、その宿願がついにかなったのである。この劇場のこけら落としは一七七〇年の王太子ルイと、オーストリアのハプスブルク家のマリア・アントニア姫、すなわち、のちのルイ一六世とマリ

王妃マリー・アントワネット(中央)：1755年11月２日、事実上のオーストリアの女帝マリア・テレジアの娘としてヴィーンのシェーンブルン城館で生まれた。オーストリア大公女マリア・アントニア・ヨゼファ・ヨハンナ・フォン・ハプスブルク＝ロートリンゲンといった。1793年10月16日、処刑された。

ルイ16世：1754年８月23日、ヴェルサイユにて生誕。ルイ15世の嫡子ルイが1765年12月20日に薨去したため、そのまた嫡子のルイ・オーギュストが王太子となり、1774年にルイ16世としてフランスおよびナヴァールの王に即位した。1793年１月21日、処刑された。

ー・アントワネットの婚礼の機会をとらえておこなわれた。

上演されたのはリュリ作曲キノー台本のオペラ『ペルセ』である。一六八二年の初演から、実に八八年経っている。当時は新作が重んじられていた時代であり、作曲家の死後にその作品が演奏されるこ

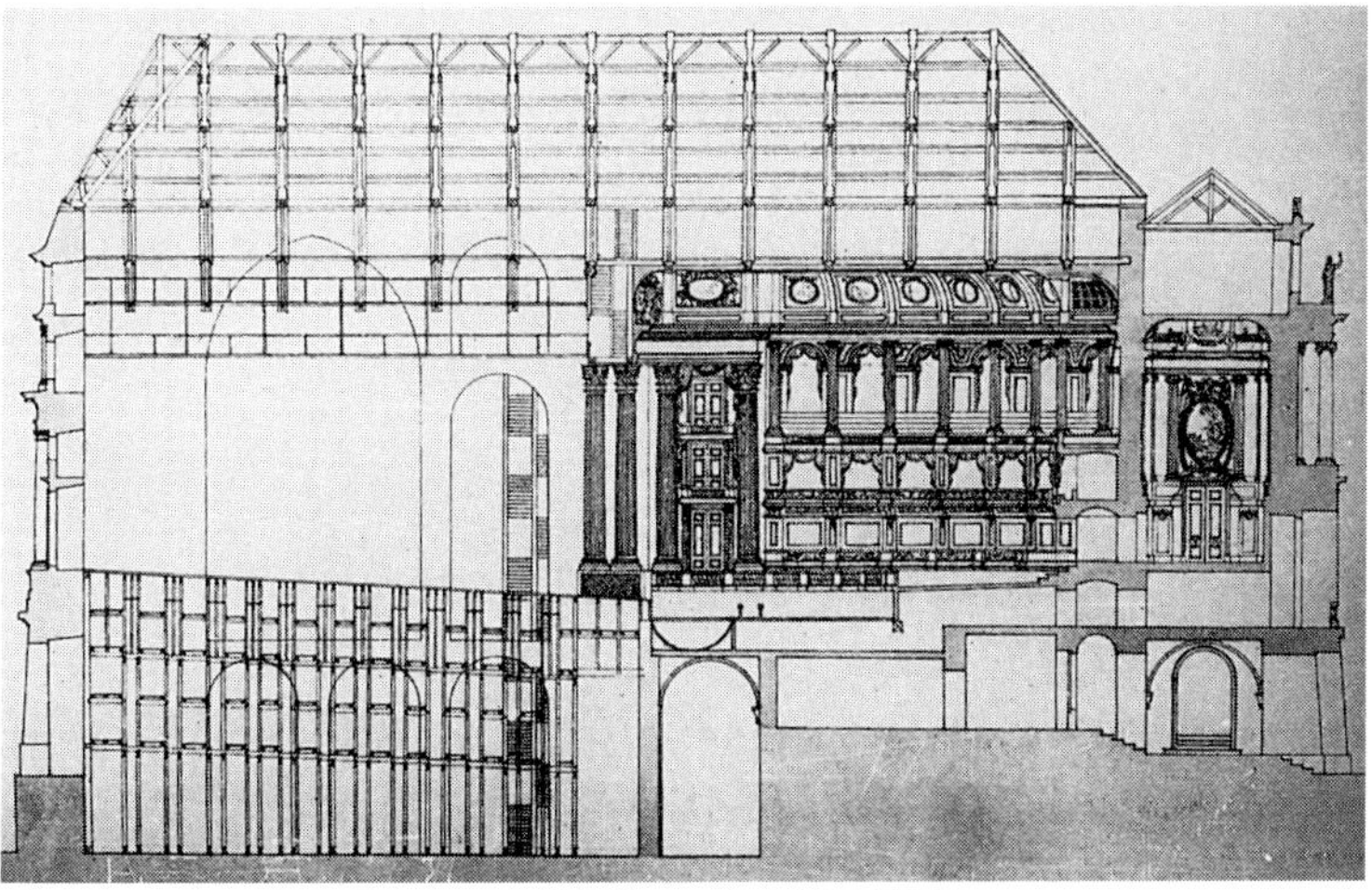

ヴェルサイユ宮殿付属劇場断面図：一点透視図法による舞台空間を強調するために、観客席と同じくらいの奥行きと広さをもつ舞台がしつらえられた。右端にホワイエが設けられている。

ヴェルサイユ宮殿付属劇場内装：最上層をイオニア式円柱で飾られた華やかな空間である。劇場としての収容人数は700名程度。馬蹄形平面のバロック劇場に範をとりつつも、桟敷席を廃して観客席を階段状に配置するなど、新古典主義の傾向に連なる新たな工夫もみられる。

同劇場観客席最上層中央：イオニア式円柱がほどこされた最上層の中央部が半円形にくぼんでロイヤル・ボックスを形成しているが、結局ここには配されなかった。

同劇場プロセニアム・アーチ：プロセニアム・アーチまわりはコリント式のジャイアント・オーダーが用いられている。

とはきわめて希だった。映画『マリー・アントワネット』(二〇〇六)では、彼女がジャン・フィリップ・ラモーのオペラを鑑賞する場面が二度あるが、一七六四年に没したラモーの作品が死後上演されることはほとんどなかったはずである。

そのような時代にリュリのオペラだけは、ラモーがいうように、リュリ当時の清新さを保って演奏されていたとは考えられないけれど、アンシアン・レジームを通じて尊重され上演されつづけた。海の怪物からアンドロメダ姫を救って彼女と結婚したペルセウスの神話は、次代の王と王妃の結婚式にまことにふさわしい。

当時の歌劇場では、U字形に多層の桟敷席が平土間をとりまいているという構成がもっとも一般的だったのだが、ここでは、観客席が階段状になっている。最上層はもっとも豪華であり、イオニア式円柱で装飾されている。その中央にロイヤル・ボックスの設置が予定されていた。

一見、色大理石をふんだんに用いたようにみえるが、実は木製パネルに着色したものである。これは材料費をけちったという面もなくはないが、劇場の内装は木で仕上げるというのが、当時の一般的な考え方であった。劇場空間＝弦楽器の

内部というアナロジーは広く信じられていたのである。当時は科学的な音響学が存在せず、経験則がものをいった。すなわち、音響の善し悪しは偶然の要素が強かったのだが、このヴェルサイユ宮殿付属劇場では吉と出た。

同劇場ホワイエ：イオニア式オーダーのピラスターで飾られた空間。

マリー・アントワネットの息吹き

さて、先述のようにルイ一五世をはじめとする一八世紀の宮廷人たちは、ルイ一四世の世界に倦《う》み疲れていたが、実は

マリー・アントワネットの寝室：天井の四隅には、フランス王家の紋章をあしらった浅浮彫とハプスブルク家の紋章である双頭の鷲をあしらった浅浮彫がみられ、長年のライヴァルだったフランス王家とハプスブルク家の和合が示されている。

マリー・アントワネットの寝台：寝台の上ではガリア（フランスの古名）の象徴である鶏が王妃の眠りを見守っている。

マリー・アントワネットもそのひとりだった。王妃のアパルトマンに入った彼女は各広間を彼女の趣味で改装し、あやうく平和の間の装飾も、かわいらしい天使が天井を舞うものに変えられてしまうところだったといわれている。寝室はブルボン家とハプスブルク家の和合を象徴する装飾でおおわれた。寝台の上にはガリア（フランスの古名）の象徴である鶏《にわとり》が翼をひろげて雄々しく立っている。

この寝室の裏手にあるのが王妃の私的アパルトマンであり、ルイ一三世の小城館と、ル・ヴォーの「包囲建築」のあいだの中庭を侵食するように設けられている。彼女はここで風呂にはいったり、カ

マリー・アントワネットの寝室の隠し扉：王妃の私的アパルトマンへと続く扉。

ル・アモーのなかの農家：ル・アモーを手がけた王妃お気に入りの建築家リシャール・ミックはフランス革命時に断頭台の露と消えた。

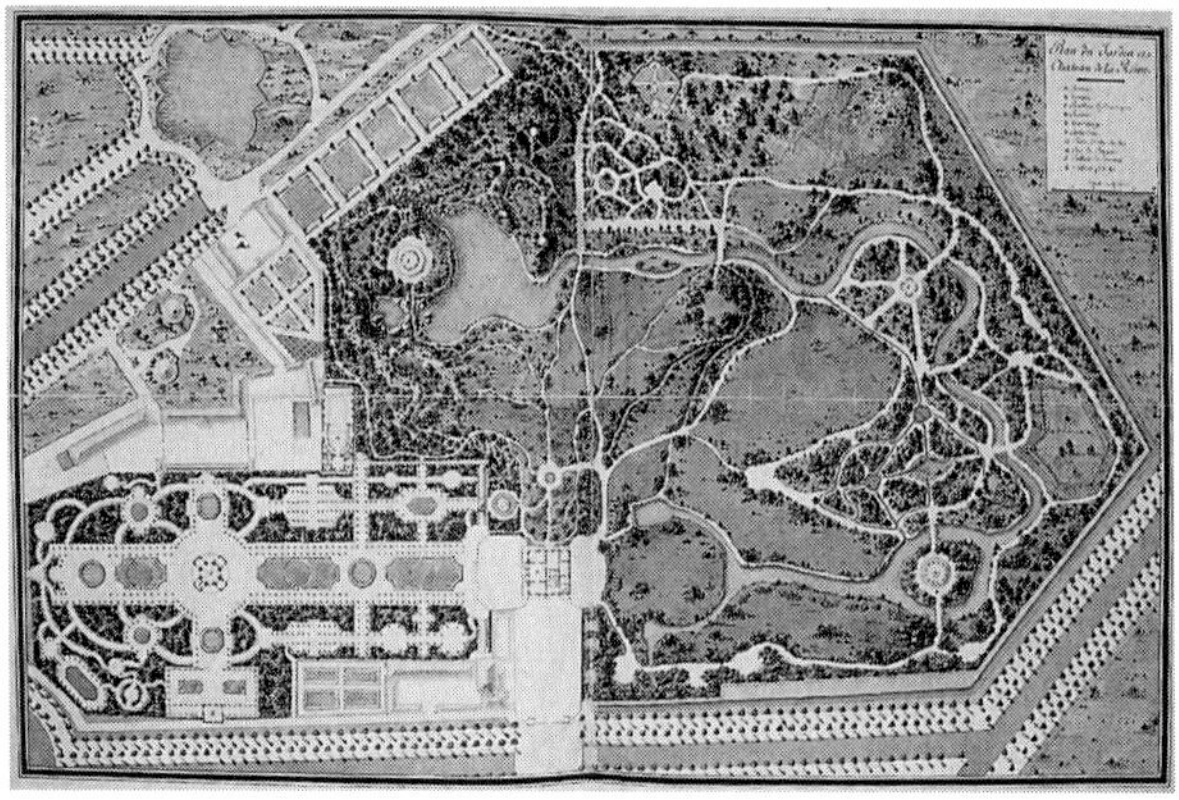

小トリアノン付属庭園：左下のフランス式庭園の幾何学性と右側のイギリス式庭園の絵画性（ピクチュアレスク）が対照的である。

ード・ゲームをしたりしてくつろいだ。

だが、彼女が好んだのはヴェルサイユよりも小トリアノン（1761〜68）だった。小トリアノンはもともとは、ルイ一五世の愛妾ポンパドゥール侯爵夫人のためにガブリエルが設計したフランス新古典主義初期の端正な離宮である。マリー・アントワネットもここを愛し、付属のイギリス式庭園にお気に入りの建築家リシャール・ミックをして、農村を模した〈アモー〉と呼ばれる一種のテーマパークを建設させた。これは当時の流行で、シャンティイにも美しいアモーがあり、今はそのなかで食事も楽しめる。

ヴェルサイユの真の主である太陽王ルイ一四世の治世は七〇年余におよび、この間さまざまな建設活動がおこなわれた。また、ルイ一五世、ルイ一六世や王妃マリー・アントワネットなど、後継者たちもさまざまな手を加えたので、ルイ一三世様式による赤れんがの小城館から新古典主義様式の小トリアノンまで、多くの建築・装飾様式がみられる。太陽王の存在感は圧倒的ながら、父王ルイ一三世や後継者たちの仕事、とりわけ、アモーのような王妃マリー・アントワネットの趣味を反映した建築群が、この大宮殿を退屈な単調さから救い、その魅力に多様性を加えているのではないだろうか。

column ⑬

一リーヴルは現在の貨幣価値でいくらくらい？

トゥールのリーヴルとパリのリーヴル

当時の貨幣単位は「リーヴル（livre）」といい、もともとは重さの単位だった。ただし、実際に流通する一リーヴル通貨なるものは存在せず、金貨や銀貨の価値を示す単位として存在した。トゥールのリーヴルとパリのリーヴルの二種類あったが、一六六七年、公式に前者に統一された。下位の単位としてソル（複数形はスー）とドゥニエがあり、一トゥール・リーヴル＝二〇トゥール・スー＝二四〇ドゥニエとなっている。

「答えられない」という答え

一リーヴルは現在の金額に換算するとどのくらいになるのだろうか、とは筆者もよく聞かれる質問である。これは、江戸時代の東日本で使われていた貨幣単位一両は、現在の貨幣価値に換算してどのくらいになるのだろうか、という質問と同様のものだが、この類の質問に答えることは実はやさしい。率直に言って、「答えられない」という以外に答えはないからである。難しいのはその解答の背景を説明し、納得してもらうことなのである。

たとえば、昭和一〇年代前半において、ドイツ製小型カメラ（この当時にあっては一三五番フイルムを使用するカメラのこと）の代表的名機であるコンタックスⅡ型に標準ゾナー（焦点距離五センチメートル、開放絞り値二）を装着したものが一三四五円（昭和一二年）したが、現在のデジタル一眼レフカメラの上級機の相場と比較して、当時の一〇〇〇円は現在の数十万円から一〇〇万円くらいの価値があったと結論づけてよいものだろうか。

当時は一〇〇〇円台で東京に庭付き一戸建ての住宅が購入できたといわれているし、普及型の国産自動車や舶来のオートバイの値段もほぼ同じくらいだった。同じ一〇〇〇円でも、カメラに基準をおくのか、自動車を基準とするのか、あるいは住宅と比較するのかで、答えはちがってくる。

安易な解答を廃す

住宅、自動車、高級カメラがいずれも一〇〇〇円台だったという事実からは、当時の一〇〇〇円が現在の貨幣価値にしてどの程度の重みがあったのかではなく、住宅、自動車、高級カメラが、当時にあってどの程度の価値をもった品物だったのかを導きだすべきなのだろう。

そこで、一般には過去の貨幣価値を現在のそれに換算する場合、一部の富裕層のみが手にすることができる高級品ではなく、米や小麦の値段を基準にすることが多いようだ。しかし、それとても当時における米の価値の重みと現在のそれは等しいという一種のフィクションを前提とした議論にならざるをえず、提示する方もかならず「ひとつの目安にすぎない」と断り書きをつけているはずである。

時代により、なにに高い価値をおくのかという価値観は異なっている、という前提にたつことが歴史学の基本である。いや、時代を現在にかぎるとしても、異文化理解の基本でもあろう。ハンバーガーやコーヒーの値段を基準として、東京の床屋の値段が海外諸都市に比べて高いと批判するだけなら、その行為にさしたる意義はないだろう。

少なくとも〇〇史と名のつくものに携わっている者は、安易に現在の貨幣価値に換算するといくらになるという「解答」を示すのではなく、本当は、面倒でも以上の事情を説明しつづけるべきではないだろうか。

おわりに　ヴェルサイユ造営の収支決算

あやまった ヴェルサイユ・イメージ

ヴェルサイユ宮殿はわが国でも、絶対王政の象徴として、また、その豪勢なたたずまいによって広く知られた大建築物である。この宮殿はヨーロッパでは、とりわけ、太陽王ルイ一四世とその「偉大な世紀」の記憶と密接に結びついている。

　しかし、わが国では、王妃マリー・アントワネットの悲劇の舞台ととらえる傾向があって、王侯貴族の奢侈《しゃし》と硬直した宮廷儀礼の世界のイメージを強く抱き、この宮殿の造営がフランス革命の原因となったとまでいう向きもある。

揚水計画に投入された 多額の人件費

たしかに、ヴェルサイユ宮殿の造営に、多くの資金と人材が投じられたのは事実である。以下のグラフにみるように、ヴェルサイユ造営にもっとも費用が投入されたのは一六八五年であり、その額は八〇〇万リーヴル以上にものぼる。

　この額を高いとするか低いとするか、判断の際には以下の事実を前提としなければならない。まず、職人の人件費は、怪我をしたときなどの保証金も含めて、現在に比べるとかなり低かったこと。それに対して、全体の計画のなかでおのおのの担当する作業を宰領《さいりょう》した建築家や画家、彫刻家は、年金も含めてかなり厚く遇されていたこと。そして、大理石などの高級材料の価格もかなり高額だったことなどである。

　また、いかに人件費が現在よりも低くおさえられていたとしても、単体の建築物よりも土木構築物を建設する方が、はるかに多額の費用がか

表６　ヴェルサイユの建設にかかわる諸支出の変遷

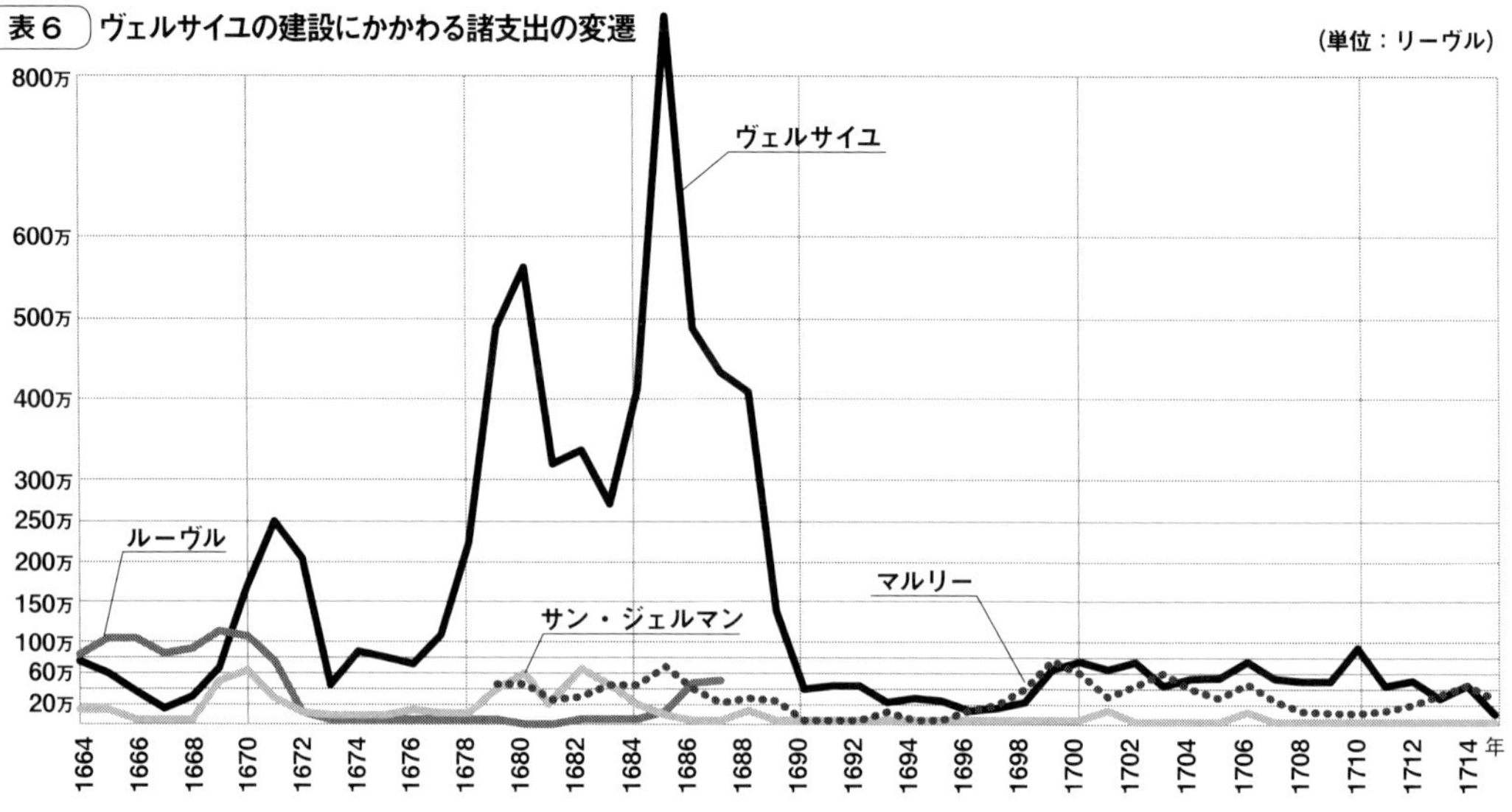

かったことも知っておきたい。投ぜられる人的資源の量の桁がちがうからである。

　一六八五年にヴェルサイユ関連支出が最高を記録しているのは、ヴェルサイユの噴水に水を供給するためのさまざまな土木工事、とりわけ、セーヌ川から揚水する〈マルリーの機械〉と水道、および、ロワール川の支流ウール川からの水道にかかわる工事に、数万名の人員を投入していた時期だったからでもある。

王国財政を直撃した大戦争

　そして、次頁の表にあるように、ヴェルサイユ造営と同じ時期に国境地帯の各都市、各拠点で営んだ築城化工事にかかった費用は、ヴェルサイユ造営にかかった費用に比べ、やはり桁ちがいの額である。そもそも、当時の戦争の大部分は戦闘行為よりも土木工事の占める割合が高い攻囲戦である。これは、守る側には大土木工事を必要とする都市の築城化、攻める側には攻城の糸口をつかむための塹壕《ざんごう》掘りとトンネル掘り、そして、守備側の救援軍を迎え撃つための陣地の構築を強いるものだった。

　一六四三年から一七一五年に至るルイ一四世の長い治世下には、スペイン領低地地方帰属戦争（1667～68）、オランダ戦争（1672～79）、アウクスブルク同盟戦争（1688～97）、スペイン継承戦争（1701～14）と、四度の大戦争があり、当然、幾多の攻守面での攻囲戦に伴う大土木工事が、慢性的な赤字状態にあった王国財政を直撃することとなった。

王国振興のためのヴェルサイユ造営

　このような事情がヴェルサイユ造営に対して暗い影を投げかけることもあった。一六八九年には、シャルル・ル・ブランがデザインした膨大な純銀製の調度品が溶かされて、戦費調達のたしにされた。一方、一六八五年を頂点として一六八〇年代にヴェルサイユ造営のために多額の費用が投じられたのは、オランダ戦争とアウクスブルク同盟戦争のあいだ

表７　各地の都市築城に要した支出の変遷

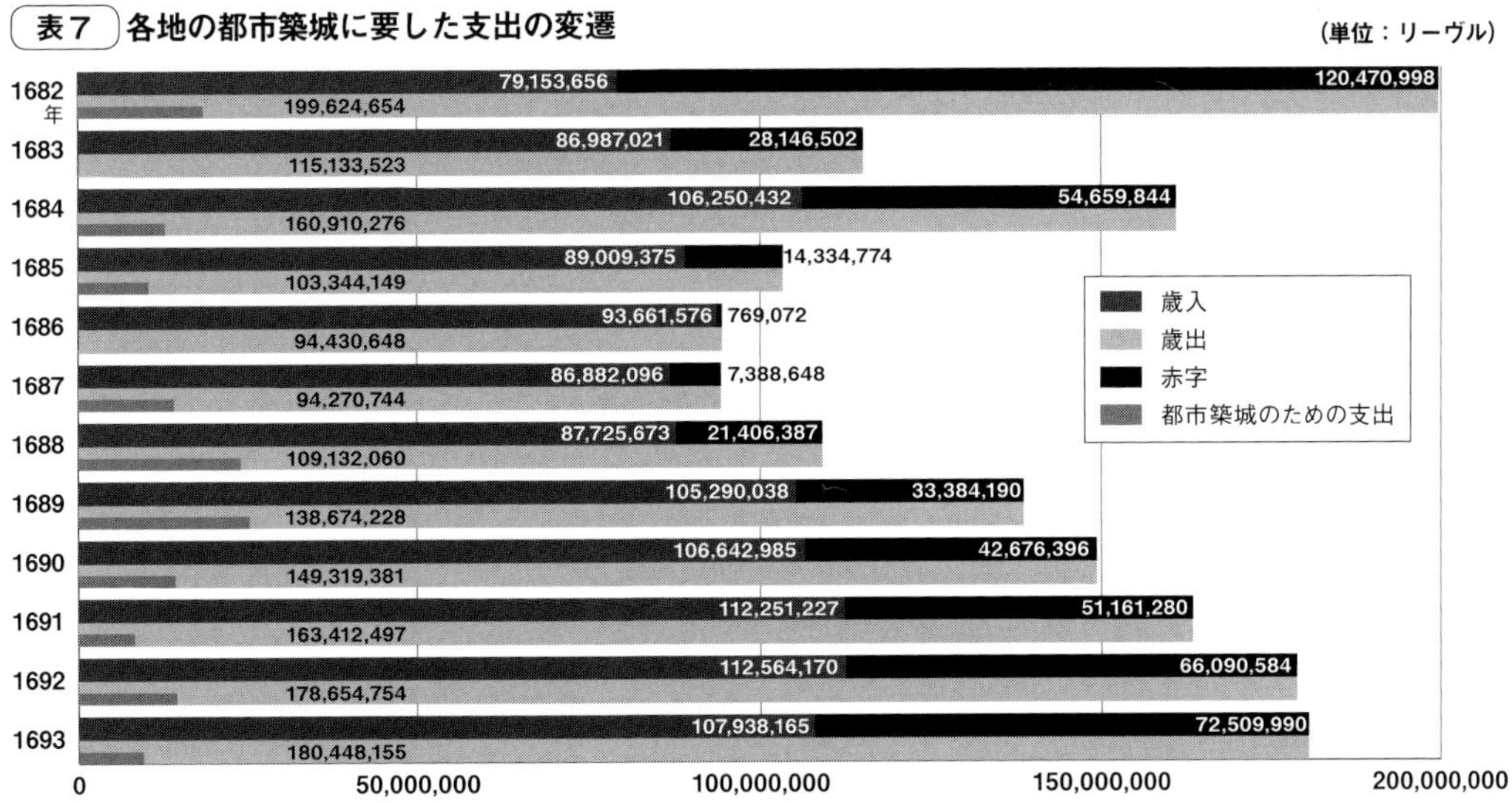

の比較的平和な時期だったからである。

ヴェルサイユ造営に投じた費用の妥当性を評価するには、フランス王国の文化振興の面を無視することができない。一五世紀のルネサンス以降、とりわけ、建築、絵画、彫刻といった造形芸術の世界では、イタリア半島がまぎれもなく先進地だった。ヴェルサイユ造営には先進地イタリアをのりこえるという、フランスの文化的野望が強烈にこめられていた。そして、それは国家の意思のもとに強力に推進されたのだ。

ヴェルサイユ造営を宰領していたのは王の建設局（Bâtiments du Roi）であり、その責任者たる王の建設総監（surintendant des Bâtiments du Roi）である。このセクションは単に王家の建築物を建てるというにとどまらず、王国の建築・建設政策、そのための教育政策、さらには建築物に用いられる天井画などの絵画作品、彫刻、調度品も司ることから、王国の文化・科学振興をも担う重要なポジションにあった。

ヴェルサイユ造営はその最重要任務のひとつであり、そこを舞台に文化的、技術的にイタリア半島をのりこえる、さらには古典古代を超越するという目的のもと、さまざまな事業がすすめられた。そして、それを支えるために王立ゴブラン製作所や、サン・ゴバン村などに工場を擁する王立鏡面ガラス製作所など、さまざまな製作所（manufacture）が設立された。

ヴェルサイユ造営は、単なる一宮殿の建設ではなく、いわば王国の文化・科学・技術振興そのものでもあったわけである。したがって、ヴェルサイユ造営に割かれた費用は文教費や産業振興費でもあり、それが現在までつづくフランスの文化的地位、ソフトパワーの源となった。

文化国家 フランスの礎

そう考えるとヴェルサイユ造営にかかった多額の費用の評価も、「革命の原因」などという言いがかりに近い判断とは自ずから変わってくるのではないだろうか。百歩譲って、

ヴェルサイユ造営が「革命の遠因」だったとして、礼拝堂の建設やその他の諸室の改装などを除いて、その造営がほぼ終わった一六八〇年代からブルボン王朝は一〇〇年は存続している。「革命の遠因」としても、いわば「時効」ではないだろうか。

　たしかに、ヴェルサイユ造営にかかった費用は、単体の建築物としては途方もないものだった（現在の貨幣価値に換算することはできないので、単に「途方もない」とだけ述べておこう）。しかし、これを王国の文教費その他ととらえれば、過大とはいえない。ヴェルサイユ関連支出がもっとも手厚かった一六八五年でも、同年の国家支出一億三三五万リーヴル弱の約八パーセントである。現在までつづくフランスのソフトパワーの源となったことを考えれば、高すぎる投資だったとはいえないだろう。

　本書では、王国の文化・技術振興という観点からルイ一四世のヴェルサイユ宮殿のさまざまな要素をみていき、それを通して、当時のフランスがいかにしてイタリア文化を、さらには古典と化していた古代ローマの栄光をのりこえていったのかを紹介した。

　古典古代の相対化こそ、それを理想の古典と奉じていた近世の終わりと、自らの時代を賛美する近代のはじまりを画する出来事だった。ヴェルサイユ宮殿は、単なる奢侈の象徴ではなく、近世から近代へのターニング・ポイントとしての歴史的意義を秘めた建築物なのである。

column ⑭

新古典主義

古代に対する相対的視線

古代ギリシア・ローマ、とりわけ古代ローマの文明を理想の文明、すなわち、「古典」とみなし、それを規範として、そしてはるかなる目標として創造活動にとりくむ態度を「古典主義」という。建築の世界では、古代の円柱の様式をオーダーという比例システムに昇華させたルネサンス以来、オーダー、あるいはオーダー周辺のデザイン要素を用いた建築を古典主義建築と呼んでいる。

しかし、一七世紀後半あたりから、理想とされた古典古代の価値が絶対的なものから相対的なものとなってきた。とくにルイ一四世の「偉大な世紀」を迎えたフランスでは、自分たちの時代に対する自信が深まっていき、この傾向が新旧論争として顕著にあらわれた。

このような背景から、理想化された古典古代ではなく、古代の「真の姿」を追求する動きが各所で巻きおこり、あるいは考古学的見地から、あるいは建築の起源を求めていく思想的な見地から、古代

小トリアノン正面ファサード：コリント式円柱４本が中央部に並んだ構成で、これはフランスにおける数少ないパラディアニズムのあらわれといわれている。パラディアニズムとは、16世紀後半にヴェネツィア共和国で活躍した後期ルネサンスの建築家アンドレア・パラーディオの建築に影響を受けたものである。アンジュ・ジャック・ガブリエルの設計。

レオ・フォン・クレンツェのグリプトテーク（彫刻美術館）：ミュンヘンの国王広場に建つグリーク・リヴァイヴァル建築の代表例。

の姿が見直されるようになってきた。

新世代に生かされた古代の読み直し

たとえば、考古学的見地からは、当時、オスマン帝国領だったギリシア本土にヨーロッパ人たちがのりこみ、古代ローマに比べあまりよく知られていなかった古代ギリシアの建築を再発見したことによって、古代ギリシア建築に範をとったグリーク・リヴァイヴァル建築があらたな建築として立ちあらわれてきた。

また、イエズス会士マルカントワーヌ・ロージエの書いた『建築試論』（一七五三）にみられる、建築の起源を柱、梁・桁、屋根の三元素にまで還元し、それ以外の壁体や装飾などの要素は建築の本質ではないとする思想からは、独立円柱を重視したあらたなデザイン傾向をもつ、ジャック・ジェルマン・スフロのサント・ジュヌヴィエーヴ聖堂（現パンテオン）のような建築物が登場した。

このようなさまざまな動きのなかからあらわれた、新しい一連の建築を新古典主義建築という。アンジュ・ジャック・ガブリエルは一八世紀のフランスを代表する新古典主義建築家である。そして、これらの新古典主義建築は、一八世紀半ばくらいから一九世紀まで、あるいは二〇世紀のはじめまで建造されつづけていった。

パリのパンテオンのクーポラ内部：いわゆるフーコーの振り子がぶら下がっている。

増補

宮廷都市ヴェルサイユ

無防備都市ヴェルサイユ

ヴェルサイユ宮殿の前には、数千人による宮廷生活を支えるため、都市が新たに建設された。「パット・ドワ」(ガンの足)とよばれる、宮殿正門から放射状に発する直線道路三本が町の中央を貫き、そのほかの街路はグリッド状に敷かれた計画都市である。この宮廷都市ヴェルサイユには、ヨーロッパの中近世都市に付きものの城壁等の囲壁《いへき》が最初から建設されなかった。そもそも、ヴェルサイユ宮殿が誕生した一七世紀の築城術は「稜堡《りょうほ》式築城術」といわれるものであり、多角形平面を基本とし、隅部を角のように前に張り出して、要塞砲の死角をなくすような工夫がなされている。この角の部分を稜堡(バスティオン)、稜堡と稜堡の間の防御壁を幕壁(カーテンウォール)、幕壁を守るために堀を挟んだ前面に築かれた堡塁を半月堡という。各防壁上には要塞砲などを防禦する胸壁(パラペット)も整備された。

この築城術は新たな国土防衛戦略の重要な担い手であり、当時のフランス陸軍築城本部長ヴォーバン領主セバスティアン・ル・プレストル(1633~1707)は「プレ・カレ(縄張り)」戦略と「鉄鎖」戦略により、フランス北部と北東部の諸都市に稜堡を備えた囲壁とシタデルを築き、これら諸都市を結んだ国土防衛線を構想した。ただ一都市の防禦ではなく、都市を線で結んで王国の防衛を考える点が新しく壮大である。そのためには諸都市がなるべく一線上に並んでいなければならず、ルイ一四世が起こしたスペイン領低地地方帰属戦争(1667~68)とオランダ戦争(1672~79)の目的の一つはその実現にあった。その結果、中世的な冊封関係に由来する飛地など錯綜した領土関係が整理され、現在のフランス・ベルギー間国境に近いものが出現した。一方、ルイ一三世時代の改修を経てもなお時代遅れのままであり軍事的意義をほとんど失っていたパリの囲壁は一六七〇年に完全撤去された。当時、国境防衛の自信を深めてセルウィウスの市壁を取り壊した古代ローマの英雄ユリウス・カエサルと並び称される偉業と考えられた。国境地帯の防禦が充実しているのならば、その内側の諸都市には本格的な都市築城は必要なく、むしろ、内乱を誘発する要素にもなりうるだろう。宮廷都市ヴェルサイユに囲壁や稜堡などの都市築城が施されなかったのには、このような軍事的背景がある。

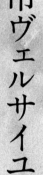

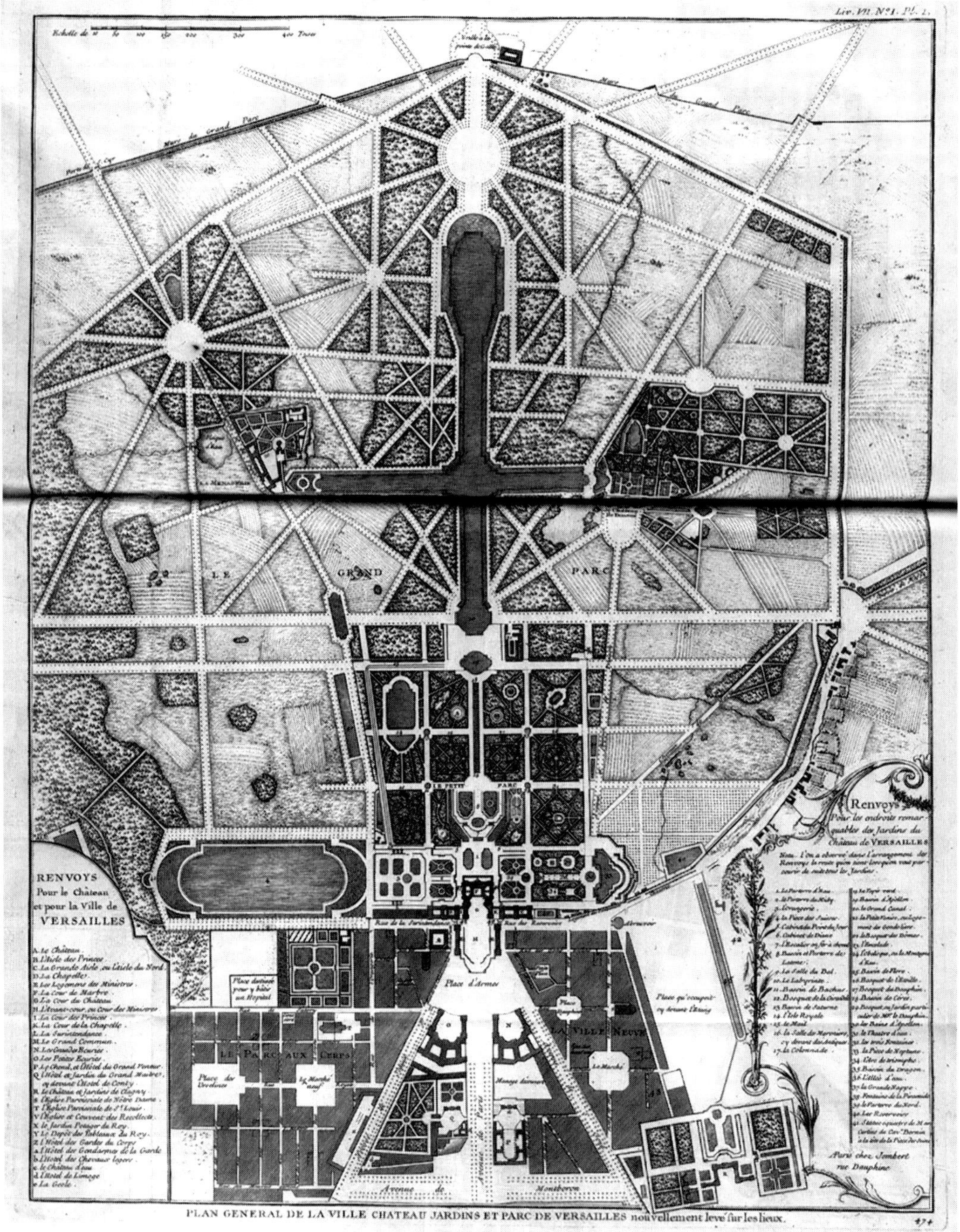

ヴェルサイユの都市、城館、庭園の全体配置図（上が西）（Plan général de la ville, château, jardin et parc de Versailles）：城館の東側に宮廷を支える「兵站」のために都市が築かれた。城館前広場から三方向に直線道路（北から南へサン・クルー通り、パリ通り、ソー通り）が伸びていく。ローマの北門ポポロ門に接したポポロ広場とそこから三方向に伸びていく3本の通り（東から西へバブイーノ通り、コルソ通り、リペッタ通り）の構成に似ている。3本の道路の間には大厩舎と小厩舎が建設された。大厩舎のさらに北側にはサン・ルイ教会堂がある。

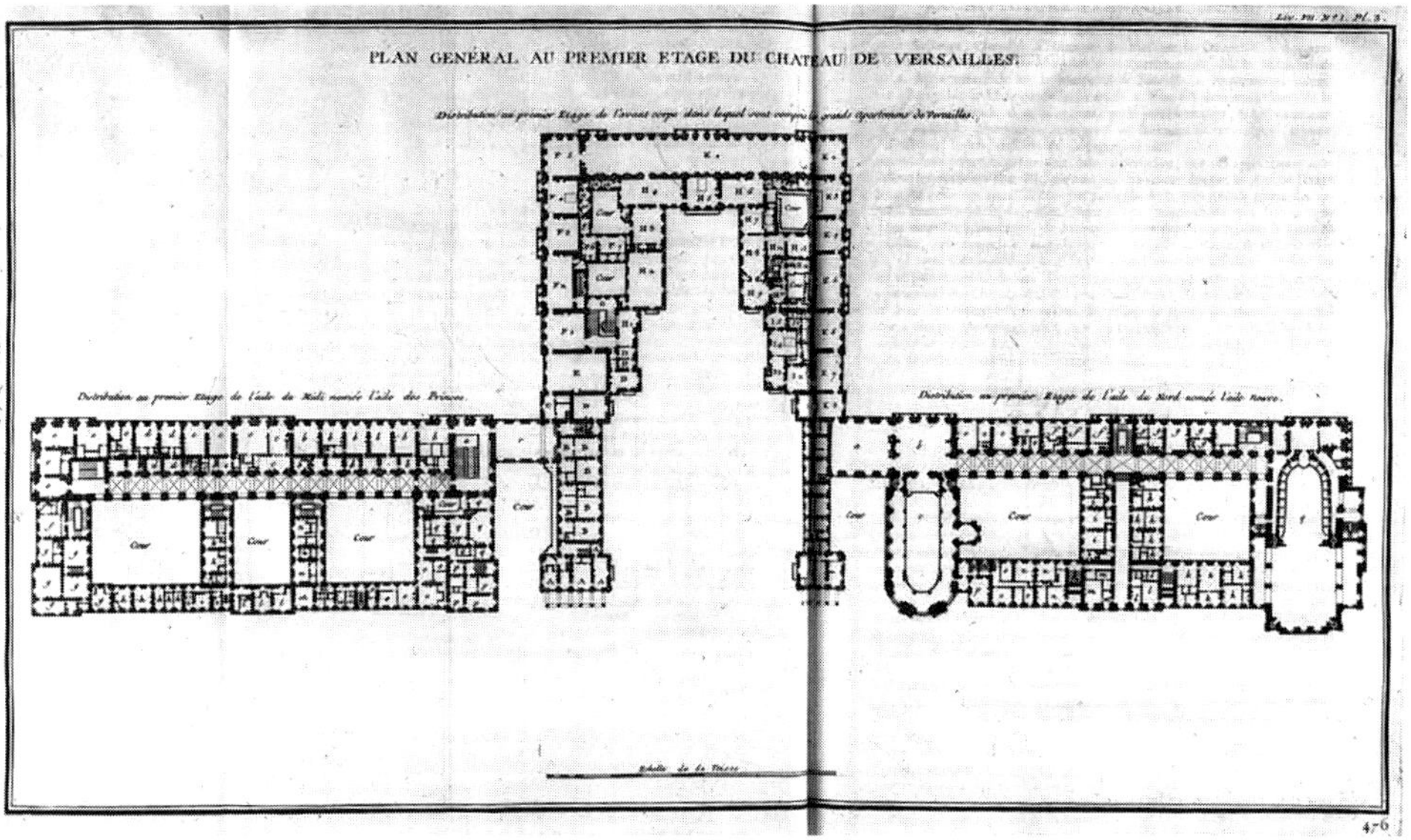

ヴェルサイユ城館2階平面図(Plan général au premier étage du château de Versailles)

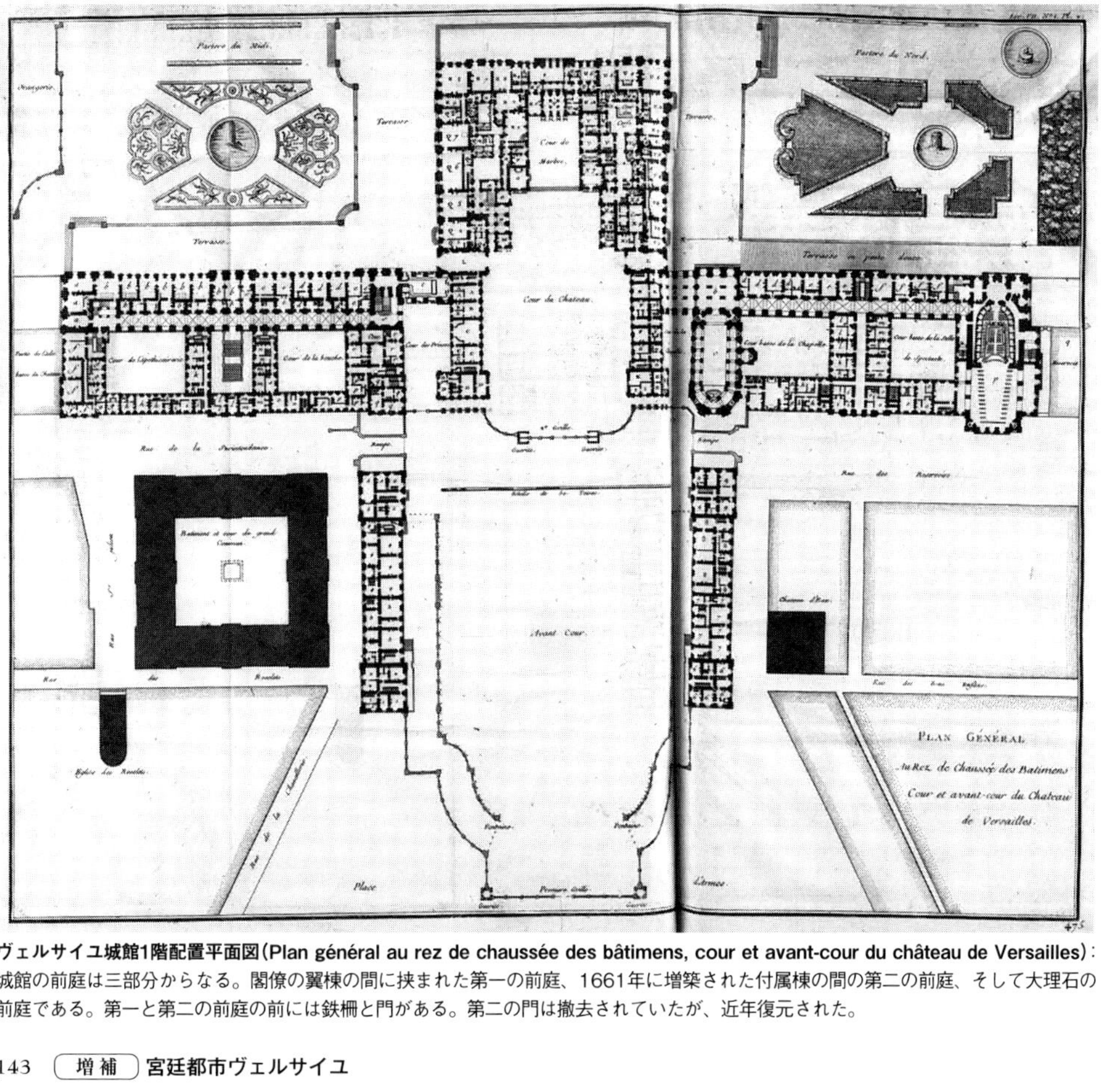

ヴェルサイユ城館1階配置平面図(Plan général au rez de chaussée des bâtimens, cour et avant-cour du château de Versailles):城館の前庭は三部分からなる。閣僚の翼棟の間に挟まれた第一の前庭、1661年に増築された付属棟の間の第二の前庭、そして大理石の前庭である。第一と第二の前庭の前には鉄柵と門がある。第二の門は撤去されていたが、近年復元された。

宮廷都市ヴェルサイユの建設体制

ヴェルサイユの都市建設は以下のように進んだ。まず、一六七一年五月二二日にヴェルサイユの土地を希望者に払い下げた。一六七二年一一月二四日には、建設済の土地が固定化している。だが、一七一三年五月六日にこの特権は廃止されている。これらの都市建設を導いたセクションはさまざまあり、ヴェルサイユ知事職、副長官職、建設総監、地区代表が主なところである。

知事職は、一六三二年に侍従アルノー、一六五三年にルイ・ルノルマンが就き、一六六〇年から一六六五年にかけては侍従ジェローム・ブルーアンが務めた。その後、このような知事職は廃されるが、一六六五年から一七〇一年にかけては侍従アレクサンドル・ボンタン、一七〇一年から一七二九年までは侍従ルイ・ブルーアンが、同様の知事職に就任した。副長官職の方は、首席侍従フランソワ・ガブリエル・バシュリエ、侍従ドミニク・ルベルなどが務めている。建設総監（後に建設長官）の職掌としては建設許可、道路敷設許可、水道局運営などが挙げられる。地区代表は、一六九四年以降、ルイ一四世治世下においては一六名だった。また、市民代表は、一六九四年から一七一六年までクロード・グルリエが務め、バイイ長官らの補佐、町の照明、道路の清掃などを担当した。つまり、宮廷都市ヴェルサイユの建設は侍従団をはじめとする宮廷中枢部主導で行われていたのである。

増補

王妃の大アパルトマンの防火対策

相次ぐ国の至宝の火災

二〇一九年四月一五日一九時頃、パリ

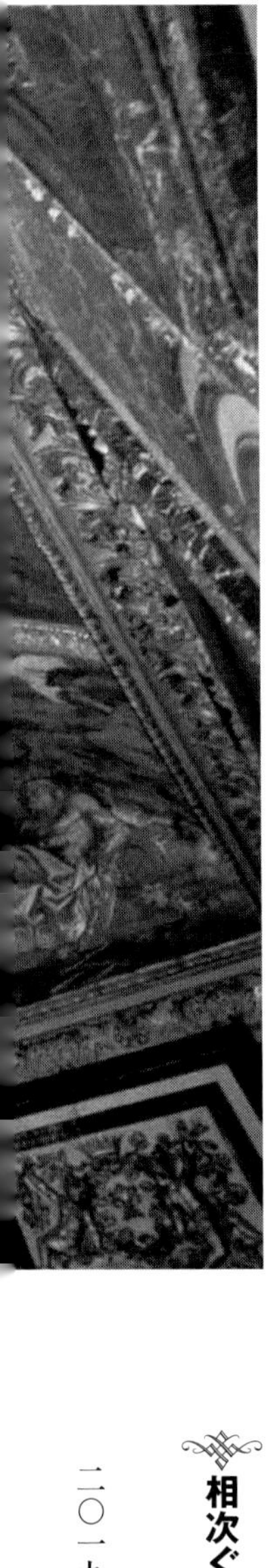

王妃の衛兵の間の天井画全景

のノートル・ダム大司教座聖堂で火の手が上がり、交差部直上の尖塔が炎上崩落して、内陣、トランセプト、交差部《こうさぶ》、身《しん》廊《ろう》の屋根と小屋組《こやぐみ》が全焼し、北側トランセプト、交差部、身廊のヴォールトの三箇所が崩落した。また、同年一〇月三一日未明、首里《しゅり》城正殿一階北東部から出火し、正殿、北殿、南殿等が全焼した。構造体が石造のパリのノートル・ダム大司教座聖堂では石造部分は焼失を免れたが、木造であり、赤色の塗装に桐油《きりゆ》を使っていたこともあって、首里城では延焼したところは全焼ということになってしまった。

　そういう意味では、ヴェルサイユ宮殿などの近世以降の宮殿建築は、パリのノートル・ダム大司教座聖堂のような石造の教会建築に比べると、火災に対してさらに危険な状態にある。そもそも、石造やれんが造の西洋建築も、床や天井、小屋組等の水平方向の要素はほとんど木造であり、パリのノートル・ダム大司教座聖堂火災で焼失したのもこの部分だ。ヴェルサイユなどの宮殿建築の場合は、それらに加えて、バロック様式のビロード張りの壁面、バロック様式の油絵による天井画、ロココ様式の木製パネル、木製

（上）王妃の衛兵の間の東側壁面中央の絵画「サテュルヌとレーの息子ジュピテールの誕生」
（下）王妃の衛兵の間の西側壁面中央の絵画「イダ山でジュピテールに対し乙女たちによって捧げられた犠牲」：王妃の衛兵の間の装飾には、かつて城館中央棟北翼棟にあった旧「王のアパルトマン」の閣議の間＝ジュピテールの間の天井画群と絵画群が転用された。フレスコ画ではなく油絵だったので可能だったが、王妃の衛兵の間はジュピテールの間よりも広く、天井への絵画5点の配置はやや大味になったきらいはある。

の調度品などの可燃材料が室内を占めている。さらに教会建築と違い、室内では暖炉や燭台、シャンデリアなどの火の元は枚挙にいとまがない。内装を木製にすることが多かった劇場建築でも同様である。

宮殿や城館の炎上の事例としては、一七三四年一二月二四日から二五日の夜間に発生した、マドリードのアルカサル（王城）の火災が挙げられよう。本文第七章で言及した「鏡の間」もこの時に焼失している。近年も、一九九二年一一月二〇日のウィンザー城火災、一九九四年二月

大膳式の控えの間内観：旧「王のアパルトマン」の衛兵の間＝マルスの間に照応する「王妃のアパルトマン」のマルスの間だったが、王妃亡き後、王太子妃たちが存命の頃に王と王族の晩餐が行われたことから「大膳式の控えの間」と呼ばれる。

五日の旧ブルターニュ高等法院庁舎（レンヌ）火災、二〇〇三年一月二日から三日の夜間に発生したリュネヴィル城館火災などの事例がある。とはいえ、宮殿や城館の炎上しやすさは、教会建築と比べて著しく高くはないかもしれない。教会建築の場合は空高く聳え立つ鐘楼や尖塔が落雷を誘発しやすいという点で不利だからである。わが国でも、地震によって倒壊した五重塔や三重塔は一棟もないといわれるが、落雷が元で焼失した事例は多い。もちろん、現在では避雷針《ひらいしん》を設けるなどの対策が施され、その危険性は低下している。

空調、電気設備の更新

一方、宮殿や城館については、暖炉が使用されなくなり（ヴェルサイユ宮殿ではルイ・フィリップ一世時代にはすでに近代的暖房装置が設置された）、燭台、シャンデリアなどの照明も電気照明に置き換えられた現在においても、火災の危険が完全に排除されたというわけではない。先の首里城火災の原因は電気設備関連であるといわれているし、近代以降に設けられるようになったエアコンディショニング設備にも火の延焼を促進する面が確かにある。それが空調設備である以上、複数の広間群を空気の通り道を通じてつなげていることになるからである。

　二〇一六年一月から二〇一九年四月まで三年にわたって実施された、ヴェルサイユ宮殿王妃の大アパルトマン（本文第八章の一〇八頁上の平面図左手の５［衛兵の間］、６［大膳式の控えの間］、６［貴人たちの間］、６［寝室］という番号が付された四室の広間群）の防災関連設備の見直し事業においても、この点が懸念され、有事の際には各広間が空調設備の面でも隔離されるようなシステムに更新された（二〇一九年四月一六日から一般公開）。

　冷房についても全面的に見直されている。王妃の大アパルトマンは南面しており、夏季には天井画付近で摂氏四五度にもなる状況は、美術品でもある天井画の保存状態に深刻な損害を与えるものだったからだ。この点では南面する王妃の大アパルトマンが最も緊急性を要したといえるが、他のアパルトマンにも同様の問題があり、これから改善が図られていくだろう。

貴人たちの間の天井画全景：旧「王のアパルトマン」の控えの間＝メルキュールの間に照応する「王妃のアパルトマン」のメルキュールの間であり、「王妃のアパルトマン」の諸室の中でも最もその当時の装飾を残している。王妃を囲む貴婦人たちが集った広間なので貴人たちの間と呼ばれるようになった。

王妃の寝室の寝台西側にある、王妃の私的アパルトマンへの通用口：王妃の寝室の寝台の背後に歴代王妃、王太子妃によって私的アパルトマンが営まれた。写真では扉が開いており、扉の向こうに私的アパルトマンの諸室がみえる。

王妃の寝室の天井四隅のレリーフ：王妃マリー・アントワネットの実家であるオーストリアのハプスブルク家の象徴「双頭の鷲」が中央を占め、その足下にいる2頭のスフィンクス像が、それぞれ、フランス王家の紋章「百合の花」（フルール・ドゥ・リス）（写真左下）、ナヴァール（ナバラ）王家の紋章を抱えている。

ヴェルサイユ宮殿の沿革

ルイ13世時代(在位1610〜43)

1623~24年	ルイ13世の狩のための館として建設
1631~34年	フィリベール・ル・ロワによる増改築 現大理石の前庭まわりの城館の原型

ルイ14世時代(在位1643〜1715)

1661~63年	ル・ヴォー、城館の両翼棟前面に付属棟2棟を建設(召使い宿舎と調理場を含むサーヴィス棟、および厩舎)
1665年頃	テティスのグロットを建設
1668~70年	大運河の掘削
1668~70年	小城館を囲むような形で「包囲建築」と呼ばれる新城館を建設
1670年	王の首席建築家ルイ・ル・ヴォー没す
1670年	磁器のトリアノンの建設
1670年	ラトーヌの泉水の整備
1671年	アポロンの戦車の泉水の整備
1671年~	王の首席画家ル・ブランによる新城館の内装工事
1671~79年	ドルベとル・ブランによる大使の階段の造営および内装
1678~84年	アルドゥアン=マンサールとル・ブランによる鏡の間の建設
1679~88年	マルリー宮殿を建設
~1680年	新城館北棟1階に御湯殿のアパルトマンを建設
~1680年	ルイ13世の小城館のファサード改装
~1680年	閣僚の翼棟の建設
1678~82年	南の翼棟の建設
1679~82年	大厩舎と小厩舎の建設
1681~86年	新たなオランジュリー建設
1682年~	新たな王のアパルトマンの整備
1682~84年	大サーヴィス棟の建設
1685~89年	北の翼棟の建設
1687年	大理石のトリアノンの建設(のちの大トリアノン)
1689年	新たな宮廷礼拝堂の着工(すぐに中断)
1699~1710年	新たな宮廷礼拝堂の建設
1701年	牛眼の間と新たな王の寝室の整備
1712~15年	エルキュールの間の整備(王の崩御で中断)

ルイ15世時代(在位1715〜74)

1725~36年	エルキュールの間の整備
1738年	ビリヤードの間を王の寝室に改装
1750年	ガブリエルによりトリアノン庭園内にフランス亭が建設される
1752年	大使の階段の取り壊しとアデライード姫のアパルトマンの整備
1755年	閣議の間とテルム柱の間を結合して新たな閣議の間を整備
1761~68年	ガブリエルによる小トリアノンの建設(寵姫ポンパドゥール侯爵夫人のため)
1765~70年	ガブリエルによる宮廷歌劇場の建設
1771~72年	ガブリエル棟の建設

ルイ16世時代(在位1774〜1791*)

*ただし、フランスおよびナヴァールの王としての在位期間

1774年	メダル収集室の全面改装
1774年	アデライード姫の寝室を図書室に改装(ガブリエルのヴェルサイユ最後の仕事)
1778年	小トリアノンの庭園に愛神の神殿を建設
1781年	午睡の間のミックによる改装
1782~86年	ミックによるル・アモーの建設

P. BONNEFON, 1909, réédition précédée d'un essai d'Antoine PICON: 'Un moderne paradoxal', Éditions Macula, Paris, 1993.
(16) MEADE, Martin (présentation par): *Les Fêtes de Versailles, chronique de 1668 et 1674*, Collection l'art écrit dirigée par Michel JULLIEN, Éditions Dédale, Maisonneuve et Laroce, 1994.
(17) LABLAUDE, Pierre-André: *Les jardins de Versailles*, Éditions Scala, Paris, 1995.
(18) SAULE, Béatrix: *Versailles triomphant, une journée de Louis XIV*, Flammarion, 1996.
(19) PÉROUSE DE MONTCLOS, Jean-Marie; FESSY, Georges (Photographies de); FUMAROLI, Marc (Préface de): *Vaux-le-Vicomte*, Éditions Scala, Paris, 1997.
(20) RORIVE, Jean-Pierre: *La guerre de siège sous Louis XIV, en Europe et à Huy*, Éditions Racine, Bruxelles, 1998.
(21) SABATIER, Gérard: *Versailles ou l'image du roi*, Albin Michel S.A., Paris, 1999.
(22) NEWTON, William R.: *L'espace du roi, La Cour de France au château de Versailles 1682–1789*, Librairie Arthème Fayard, Paris, 2000.
(23) TIBERGHIEN, Frédéric: *Versailles: Le Chantier de Louis XIV, 1662–1715*, Perrin, Paris, 2002.
(24) NIVELON, Claude: *Vie de Charles Le Brun et description détaillée de ses ouvrages*, Édition critique et introduction par Lorenzo PERICOLO, Droz, Genève, 2004.
(25) MILOVANOVIC, Nicolas: *Du Louvre à Versailles, Lecture des grands décors monarchiques*, Les Belles-Lettres, Paris, 2005.
(26) MILOVANOVIC, Nicolas: *Les Grands Appartements de Versailles sous Louis XIV, Catalogue des décors peints*, Réunion des musées nationaux, Paris, 2005.
(27) THUILLIER, Jacques: *La galerie des Glaces, Chef-d'œuvre retrouvé*, Gallimard, Paris, 2007.
(28) BLONDEL, Jacques-François: *Architecture françoise,* tome quatrième, Paris, 1756, Liv. VII, N°1, Pl.1–3（京都大学附属図書館所蔵）
(29) 佐々木真：『ルイ14世期の戦争と芸術: 生みだされる王権のイメージ』作品社　2016年
(30) CHEPEAU, Anne: « Au château de Versailles, l'appartement de la reine a été protégé contre les incendies », franceinfo, 2019.4, https://www.francetvinfo.fr/culture/patrimoine/chateau-de-versailles/au-chateau-de-versailles-l-appartement-de-la-reine-a-ete-protege-contre-les-incendies_3410353.html

主なヴェルサイユ宮殿関連図書と図版出典

＊ヴェルサイユ宮殿に多くの言及がある主な文献と図版出典を挙げた。邦訳がある場合はそちらを優先した。
＊雑誌記事や論文、校訂版のない史料類は原則として割愛した。

(1) ボーサン、フィリップ:『ヴェルサイユの詩学―バロックとは何か―』藤井康生訳　平凡社　東京　1986年
(2) ルヴロン、ジャック:『ヴェルサイユの春秋』金沢誠訳　白水社　東京　1987年
(3) エリアス、ノルベルト:『宮廷社会』〈叢書・ウニヴェルシタス 107〉波田節夫　中芳之　吉田正勝共訳　法政大学出版会　東京　1989年
(4) ル・ギユー、ジャン・クロード:『ヴェルサイユ華麗なる宮殿の歴史』飯田喜四郎訳　西村書店　京都　1992年
(5) アポストリデス、ジャン・マリー:『機械としての王』みすずライブラリー　水林章訳　みすず書房　東京　1996年
(6) ブノワ、リュック:『ヴェルサイユの歴史』文庫クセジュ　瀧川好庸　倉田清訳　白水社　東京　1999年
(7) コンスタン、クレール:『ヴェルサイユ宮殿の歴史』「知の再発見」双書　遠藤ゆかり　伊藤俊治訳　創元社　東京　2004年
(8) バーク、ピーター:『ルイ14世　作られる太陽王』石井三記訳　名古屋大学出版会　名古屋　2004年

(1) WEIDLER, Jo. Friedrich: *TRACTATVS DE MACHINIS HYDRAVLICIS TOTO TERRARVM ORBE MAXIMIS MARLYENSI ET LONDINENSI ET ALIIS RARIORIBVS SIMILIBVS IN QVO MENSVRAE PROPE IPSAS MACHINAS NOTATAE DESCRIBVNTVR, ET DE VIRIBVS EARVM LVCVLENTER DISSERITVR*, Wittemberg, 1733.
(2) CLÉMENT, Pierre: *Lettres, instructions et mémoires de Colbert*, Tome V, *Fortifications. Sciences, lettres, beaux-arts, bâtiments.*, Imprimerie impériale, Paris, 1868.
(3) DWELSHAUVERS-DERY, V.: *Quelques antiquités mécaniques de la Belgique*, Congrès international des Mines, de la Métallurgie, de la Mécanique et de la Géologie appliquées, Liège, 1905, Section de mécanique appliquée, tome IV, Imprimerie Jules Massart, Trooz (Station), 1906.
(4) MARIE, Alfred: *La naissance de Versailles, Le château—Les jardins*, 2 vols., Éditions Vincent, Fréal et Cie, Paris, 1968.
(5) MARIE, Alfred et Jeanne: *Versailles—son histoire, Tome II, Mansart à Versailles*, 2 vols., Éditions Jacques Fréal, Paris, 1972.
(6) MARIE, Alfred et Jeanne: *Versailles au temps de Louis XIV*, Imprimerie Nationale, 1976.
(7) Louis XIV: *La manière de montrer les jardins de Versailles*, édité par Simone HOOG, Éditions de la Réunion des musées nationaux, Paris, 1982.
(8) MARIE, Alfred et Jeanne: *Versailles au temps de Louis XV 1715-1745*, Imprimerie Nationale, 1984.
(9) VERLET, Pierre: *Le Château de Versailles*, Librairie Arthème Fayard, 1961, 1985.
(10) BERGER, Robert W.: *In the Garden of the Sun King: Studies on the Park of Versailles under Louis XIV*, Dumbarton Oaks Research Library and Collection, Washington, D.C., 1985.
(11) NÉRAUDAU, Jean-Pierre: *L'Olympe du Roi-Soleil, mythologie et idéologie royales au Grand Siècle*, Les Belles-Lettres, Paris, 1986.
(12) BLUCHE, François (sous la direction de): *Dictionnaire du Grand Siècle*, Librairie Arthème Fayard, Paris, 1990.
(13) LEMOINE, Pierre (Inspecteur général honoraire des Musées de France): *Versailles et Trianon—Châteaux et Jardins—, Guide du Musée et domaine national de Versailles et de Trianon*, Réunion des musées nationaux, 1992.
(14) *le temps: Versailles au siècle de Louis XIV*, collection le temps, Réunion des musées nationaux, Paris, Textuel, Paris, 1993.
(15) PERRAULT, Charles: *Mémoires*, édition de

◉著者略歴

中島智章（なかしま・ともあき）

一九七〇年、福岡市生まれ。一九九三年、東京大学工学部建築学科卒業。一九九八〜二〇〇〇年、ベルギー・リエージュ大学留学。二〇〇一年、東京大学大学院工学系研究科建築学専攻博士課程修了。博士（工学）。二〇〇五年、日本建築学会奨励賞受賞。

現在、工学院大学建築学部建築デザイン学科・准教授。

著書に『図説　バロック』『図説　キリスト教会建築の歴史』（河出書房新社）、『世界一の豪華建築バロック』（エクスナレッジ）、監修に『ビジュアル版　世界の城の歴史文化図鑑』（柊風舎）、共著に『図説　西洋建築史』（彰国社）、『宗教改革期の芸術世界』（リトン）、『《悪魔のロベール》とパリ・オペラ座　19世紀グランド・オペラ研究』（上智大学出版）、翻訳に『図説　イングランドの教会堂』（マール社）など。

ふくろうの本

増補新装版

図説　ヴェルサイユ宮殿　太陽王ルイ一四世とブルボン王朝の建築遺産

二〇〇八年　一月三〇日初版発行
二〇二〇年　一月二〇日増補新装版初版印刷
二〇二〇年　一月三〇日増補新装版初版発行

著者……………………中島智章
装幀・デザイン…………水橋真奈美（ヒロ工房）
発行者…………………小野寺優
発行……………………株式会社河出書房新社
〒一五一－〇〇五一
東京都渋谷区千駄ヶ谷二－三二－二
電話　〇三－三四〇四－一二〇一（営業）
〇三－三四〇四－八六一一（編集）
http://www.kawade.co.jp/
印刷……………………大日本印刷株式会社
製本……………………加藤製本株式会社

Printed in Japan
ISBN978-4-309-76291-3